摩訶毗盧遮那佛

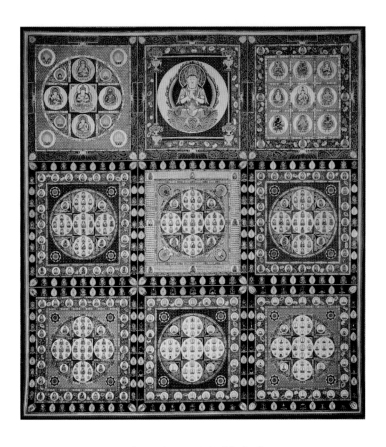

金剛界曼荼羅

胎藏界曼荼羅

日本佛教真言宗高野山派金剛峰寺中院流第五十四世傳法大阿闍梨
中國佛教真言宗五智山光明王寺光明流第一代傳燈大阿闍梨

悟光上師法相

真言宗
30日談

「智理文化」系列宗旨

「智理」明言

中華智慧對現代的人類精神生活,漸漸已失去影響力。現代人,大多是信仰科學而成為無視中華智慧者,所以才沒有辦法正視中華智慧的本質,這也正正是現代人空虛、不安,以及心智貧乏的根源。

有見及此,我們希望透過建立「智理文化」系列,從而在「讓中華智慧恢復、積極改造人性」這使命的最基礎部分作出貢獻:「智理文化」系列必會以正智、真理的立場,深入中華智慧的各個領域,為現代人提供不可不讀的好書、中華智慧典範的著作。這樣才有辦法推動人類的進步。我們所出版的書籍,必定都是嚴謹、粹實、繼承中華智慧的作品;絕不是一時嘩眾取寵的流行性作品。

何以名為「智理文化」?

佛家說:「無漏之正『智』,能契合於所緣之真『理』,謂之證。」這正正道出中華智慧是一種「提升人類之心智以契合於真理」的實證活動。唯有實證了「以心智契合於真理」,方能顯示人的生活實能超越一己的封限而具有無限擴展延伸的意義。這種能指向無限的特質,便是中華智慧真正的價值所在。

至於「文化」二字,乃是「人文化成」一語的縮寫。《周易•賁卦•象傳》說:「剛柔交錯,天文也;文明以止,人文也。觀乎天文,以察時變,觀乎人『文』,以『化』成天下。」可見人之為人,其要旨皆在「文」、「化」二字。

《易傳》說:「文不當故,吉凶生焉!」天下國家,以文成其治。所以,「智理文化」絕對不出版與「智」、「理」、「文」、「化」無關痛癢的書籍,更不出版有害於人類,悖乎「心智契合於真理」本旨的書籍。

由於我們出版經驗之不足，唯有希望在實踐中，能夠不斷地累積行動智慧。更加希望社會各界的朋友，能夠給我們支持，多提寶貴意見。最重要的是，我們衷心期待與各界朋友能夠有不同形式的合作與互動。

「智理文化」編委會

張惠能博士
（覺慧、玄覺大阿闍梨）介紹：
香港中華密教學會會長
中華智慧管理學會會長

香港大學畢業和任教。修讀電腦科學，三十年來專門研究人工智能，在國際期刊及會議上發表了五十多篇論文，並於香港大學專業進修學院主管及教授電腦創新科技課程，當中包括：大數據分析、雲端運算、電腦鑑證、物聯網、人工智能革命、區塊鏈科技革命等，多年來培育創新科技人材眾多。

另一方面，會長自幼深入鑽研中西文化、佛法及易理。廿多年來潛心禪觀、念佛及修密，並自2007年春開始不間斷地在學會、學院、及各大學教授禪觀、念佛及正純密法。會長乃皈依「中國佛教真言宗光明流」徹鴻法師，體悟真言宗秘密印心之真髓，獲授「中國佛教真言宗光明流」大阿闍梨之

秘密灌頂，傳承正純密教血脈，弘揚正純密教「即身成佛」之法，教人「神變加持」，同行佛行，齊見佛世。

張惠能博士佛經系列著作：
《壇經禪心》、《楞伽佛心》、《圓覺禪心》、《楞嚴禪心》、《楞嚴禪觀》、《金剛經禪心》、《維摩清淨心》、《藥師妙藥》、《彌陀極樂》、《大日經 住心品》、《地藏十輪經》、《真言宗三十日談》、《金剛經密説》。

張惠能博士「易經系列」著作：
《周易點睛》、《易經成功學》。

一事一法一經一尊
張惠能博士　專訪

撰自《溫暖人間　第458期》

張惠能博士，香港大學畢業和任教，修讀電腦科學及專門研究人工智能。少年時熱愛鑽研中西文化、佛法及易理。廿多年來潛心禪觀、念佛及修密，並自2007年開始講經說法。宿緣所追，今復皈依「中國佛教真言宗光明流」徹鴻法師，體得了秘密印心之法，獲授密教大阿闍梨之秘密灌頂，感受到傳承血脈的加持，遂發心廣弘佛法，以救度眾生。

真言密教為唐代佛教主要宗派之一，是正純的密宗，非得文為貴，旨在以心傳心，故特別重視傳承。本自唐武宗之滅佛絕傳於中國，已流佈日本達千餘年，並由當代中國高僧悟光法師於一九七一年東渡日本

求法，得授「傳法大阿闍梨灌頂」，得其傳承血脈，大法始而回歸中國。張惠能說，真正具備傳承大阿闍梨資格的，每個朝代應說不會多於十數人，所以每位傳法人都很重要，「因為一停下來，此久已垂絕之珍秘密法之傳承血脈就會斷，這樣令我有更大的弘法利生之使命感。」

多年前，《溫暖人間》的同事已有幸聽過張惠能博士講經，滔滔法語，辯才無礙，其後博士贈送了他當其時新著的《圓覺禪心》給我們，雜誌社從此又多了一套具份量的經書。今年，因緣成熟，《溫暖人間》終於邀請到張博士為我們主持講座，題目是「佛說成佛」：成佛？會不會太遙遠？

成佛觀：找到心中的寧靜

「這就是很多人的誤解，人人也覺得自己沒可能成佛，沒可能修學好一本佛經。其實每個人也能即身成佛，只要有方法、有工具、有目標。」畢竟佛陀未成佛之前也是普通人。「什麼是佛法？佛法讓人心裡平安，心無畏懼，不會生起妄想，恐懼未來。成佛觀念的力量是很不可思議的。當你不斷想着一件事，業力就會越來越強；所以加強成佛的念頭，想像自己就是佛菩薩的化身、是觀音的化身，想像大家一起做觀音、現前就是『普門諸身』，透過念念想像，人生從此截然不同。」這幾年香港社會人心動盪，情緒難以釋放，成佛觀其實就是根本的善念，如果大家把心安住在這根本善念上，就能找到永恆的寧靜安定。

張惠能博士說，他在講座裡會介紹禪、淨、密的成佛觀，「成佛觀可以修正我們的心，只要你進入這個思想模式，你就可以感受佛陀的慈悲力量，譬如能以阿彌陀佛的四十八大願思維去經驗無量光、無量壽。因為當佛的思想有如阿彌陀佛，佛就進入極樂世界。我們稱之謂淨土宗的成佛觀，就是想你進入阿彌陀佛的無量光、無量壽世界，體驗這種不可說的力量。」

張博士講經已十年多，《六祖壇經》、《金剛經》、《楞伽經》、《阿彌陀經》、《妙法蓮花經》、《大日經》已說得透徹熟練，回想當初，他是怎樣開始弘法之路？

一事一法一經一尊

「我的人生分為四個階段，用八個字歸納：
『一事、一法、一經、一尊』。佛法說生命是
永遠無限生的，每個人一生都有必然要完
成的目標，稱為『唯一大事』或簡稱『一事』。
特別對尋道人來說，目標都很清晰，所以
認識到『一事』是第一個階段。」張惠能說，
童年時候他對真理已經十分嚮往，整天拿
着聖經鑽研，常夢想做神父，其他小朋友
打架，他會上前講道理勸和。中學特別熱
愛Pure Maths和Physics，因為是當時所有
學科中「真理性」最高最玄妙的，及後考上
香港大學，畢業後博士研究的項目是「人工
智能」，因為可以天天研究人類思考、智慧
和心靈的問題，也涉獵很多中西方哲學，
包括佛法。

「當時我取得了人工智能PhD，很輕易便開始在港大任教，但對於人生目標，亦即這『一事』的追尋，卻很迷茫。雖然我讀過了很多很多有關東西方哲學、存在主義、易經，甚至各種禪門公案的書，但心靈都是得不到平安。」**當張惠能對尋找人生真理充滿絕望，極度迷失的時候，另一扇門就開了。「有天逛書店，突然看見一本叫《歎異鈔》的書，副題是『絕望的呼喚』，這幾個字正中下懷，完全反映自己當時的心境，這本書是我人生轉捩點的契機，讓我進入了人生的第二個階段：真正修行『一法』。」《歎異鈔》為「淨土真宗」重要經典，是日僧唯圓撰錄了親鸞聖人關於「信心念佛」的語錄，張惠能視之為「念佛最高指南」。**

「這書開啟了我的信心念佛人生，一念就十多年，直至信心決定、平生業成。我因為信心念佛而得到絕對安心。所以如果沒有『一法』的真正體驗，你永遠不知其好處。其實佛法修行就好像我們去餐廳吃飯，餐廳有

中西泰日韓等不同種類，也有不同級數，有快餐，也有五星級酒店中最高級的餐廳，不同人有不同喜好，這就像佛法中有八萬四千法門，不同宗派有不同的方法，好比不同的餐廳有不同的料理一樣，但大家都是同一目的：成佛。所以我們不論修任何法，都應該互相尊重，毋須比較，鹹魚青菜，各有所愛。同一道理，不論是什麼宗教流派，大家也都是在尋找真理道上的同路中人，要互相尊重而非批評比較，建立這正確態度是十分重要。」

單說不飽 實修證入

念佛法門是張惠能的「一法」。「修行是很簡單的事，好像心靈肚餓，修完之後就感到滿足舒服，輕安自在。**當你吃飽了，煩惱沒有了，你就感受到幸福，這信心念佛境界已經是往生淨土，一息一佛號已到達光明的極樂世界。對我來說，信心念佛會把悲傷和眼淚吸收，帶給我一份終極安心，**

煩惱都脫落。如果你念佛是越念越煩惱越恐懼未能往生淨土的話，就不是真正的信心念佛。禪宗叫修行為『大安心法門』，安心才可相應佛陀所說的。」

為什麼「一法」那麼重要？張惠能坦言，所有佛經都說方法，「看破放下自在大家也會說，可是說易做難，不要說人生大事，就算平常如有人用行李輾過你的腳，你已經不能放下怒火；的士司機找少了十元給你，你可能半天心不爽快了；你最親密的人說你是垃圾，你立即崩潰。要看破、放下真是很難，所以『一法』好重要。」

「一法」之後，人生第三個階段就是「一經」，敦煌原本《六祖壇經》是張惠能讀通了的第一本經。張惠能說單是這部經，他就看了十年，「我不斷去讀，一百次、一千次、一萬次，讀至每個文字都充滿喜悅，讀得多

了，經文慢慢開花變成你的心法，從《壇經》我認識到自性的道理，幸福安心。很奇怪，之前我一直不大明白的《心經》，可是讀了《壇經》十年後，再拿《心經》來看，竟然通透領悟到什麼是『般若波羅密多』，那份喜悅不可思議。」

張惠能從「一法」中找到安心，從「一經」中認識到自性的道理，跟着有幸皈依了普陀山本德老和尚，有次他問師父：「念佛所為何事？」師父答他：「念佛無所求，念佛為眾生！」他叮一聲就印了心。「老和尚當時鼓勵我出來講經弘法，不久後我亦決定把自己的生命與弘法給合，於是2007新年後開始出道講經，第一本就是講《壇經》。」過了一年香港大學專業進修學院院長李焯芬教授邀請他在學院講經，自此，他編寫的「禪宗三經」、「『生死自在』淨土二經」、和「禪、淨、密三經」證書課程便出現在這座高等學府了。

張惠能的弟弟修真言宗十分精進。在宿緣所追下，張惠能復皈依了中國佛教真言宗光明流徹鴻法師，更通過考證，通教了「即身成佛」義，體得了正純密教秘密印心之法，獲授密教大阿闍梨之秘密灌頂，感受到傳承血脈的加持，遂發心廣弘佛法，以救度眾生，開始了人生第四個階段：「一尊」。「真言宗最重視傳承，當你被選為傳法者，你已不再代表個人，而是代表一個法脈的傳承，我的人生就到了『一尊』階段，『一尊』就是『傳承血脈的加持』，你傳承了一千三百年三國傳燈歷代祖師的心願和力量，代表正純密教一千三百年傳承血脈的興衰，所以你的命已交給了『一尊』，會有很強使命感。」

對佛教初哥的建議

佛法是說當遇上苦與樂時，內心都同樣洋溢大安心、大無畏力量。

一開始找一個值得尊敬的老師，去學習真修實證一個具備法脈傳承的法、去好好從頭到尾讀通一部經，自己從中去體驗什麼是心靈上的飽足？如果只是不斷去跑不同的道場，聽這個又聽那個，老是shopping around不肯去定下來，最終根本不可能會有什麼得着的。所以，建議大家先修一經一法，有了堅定立場後，才好出去切磋參學。

張少強（玄蒔 阿闍梨）介紹：

自幼對生命之意義、宇宙之法則，對於人生之道理等疑問甚感興趣。在中學時期，已閱讀關於西方哲學如存在主義和中國哲學如儒家和道家思想等書籍，對人生之探索更充滿熱誠。

在公元二千年起便接觸佛法，先跟「覺慧」居士（即現在「玄覺」大阿闍梨）修習禪法，並學得《六祖壇經》和《金剛經》等佛教經典的要旨，深受體會。認為禪宗之法門直指人心，以處理「心」的狀態來使人開悟智慧，直示我人即佛性之真諦，見性即成佛。其見地之精純，確立了佛法修行之堅固基礎。

後在悟光金剛上師所創立之「中國佛教真言宗光明流」修習秘密佛乘，經十數載，從未間斷。其間得「中國佛教真言宗光明王寺香港分院」之院主「釋徹鴻」法師悉心指導，以正純密教之三摩地法，去修行和體驗即身

成佛之境地,成為「中國佛教真言宗光明王寺香港分院」之「阿闍梨」,並立誓弘揚真言密教之全一之真精神。

對於修禪之「見性成佛」,以及真言密法之「事相」和「教相」的旨趣,經多年修行和探討後,體驗到真言之誦讀和禪密修持的真實意義,及其對人生之影響。

在生活上,於中學時代開始,已作為義工幫助有需要人士如獨居長者和露宿者等。在大學時期,亦曾為大學「社會服務團」之主席,舉辦各類利益社會之活動。現工作主要專責智能家居和智慧城市產品的發展和提供相關連的應用方案,而在公餘時亦繼續發揚推己及人的佛教精神。現為「中國佛教真言宗光明王寺光明遍照慈善會香港分會」之會長,繼續以發揚密教思想為目標,舉辦各類慈善活動,造福社群,達至利己及人之目的,望能將佛之大愛和光明照遍更多有緣人。

目　錄

真言宗三十日談

從「真言宗」正純密教立場分別説清楚正純密教之：宗史、教義、實修、即身成佛義、密教生活。

第一日談
研究密教的必須途徑

秘密佛教，略稱密教。在歐美等海外學者，稱為秘密的佛教、或佛教中之秘教。

其中的**正純密教**，是指**由印度傳入中國，**經由日本而**在日本予以組織化的真言密教、或天台密教**。其淵源於第八世紀初期的印度，以其繁榮的初、中期之密教為基礎，其中含蘊着對治顯教的教判意義。

又外國學者所謂的金剛乘或怛特羅 Tantra 佛教、藏密，又稱左道密教，乃將人的性行為置於最重要位置，是第八世紀以後在印度發展之後期密教。

外國學者研究密教，基本上忽視了正純密教（傳入中國之印度中期密教）的重要資料。他們研究的對象多以初期印度密教梵文「陀羅尼經典」及以西藏為中心所譯的後期印度密教為主。

在日本，後期的印度密教並沒有流傳。明治以後，隨歐洲之佛教研究，後期之印度密教亦被介紹來到日本，但都因其左道思想而被拒絕。

所以密教在日本，跟其他國家的觀點都不盡相同，而其他國家的研究對象亦少涉及日本密教，故對兩者的綜合性密教歷史的研究，至今猶未見之。

密教流入中國以至日本已有一千餘年以上，對其發展與價值之探討研究，以時代而言，是非常必要的。然事非容易，因為**密教含有秘密的基本因素及實修規則**，對於密教經典或儀軌，若無視實修規定，而另闢門路去研究密教，是絕對無法真正的顯示密教的內涵。所以，若要將密教棄置於宗教的立場而正當的加以評價，**須將密教儀軌的準則、實修法之意義，以真修實證的具體經驗觀點來分析解明**。這才是今後研究密教的必須途徑。

第二日談（上）
正純密教之母體

公元前一千年乃至一千五百年之間，印度已有「吠陀 Veda」之四本著作，吠陀神話的諸神大部份都是印度阿利安族起源之物，其中亦有印度先進民族所推測的神在內。

及後在《梨俱吠陀》Rigveda 中，所有神祇更大為發展，或有由風土習俗之神，變容而結合者。後來，**由演變而攝入密教「曼荼羅」中**亦不少。諸如帝釋天、水天、火天、月天、風天，都是密教「曼荼羅」中具代表性的神祇。**密教之真言，可以說是從《梨俱吠陀》咒為其雛型。**

在古印度，其宗教儀體和咒法是不可分的，都是達成願望的手段，無論吠陀之祭祀或咒法，其間都有密切關係，如奉獻梨俱吠陀諸神之明咒中，約有三十頌咒法及讚歌。

觀其內容都是治病、退除怨敵、除害、祈
雨、戰勝等等的咒文。

公元前一千年以降之後期吠陀時代，阿利
安人與原土著民族漸次同化，這時阿利安
文化與非阿利安之土著文化交流融合而結
成《阿達婆吠陀》之本集。其對於咒文及咒
法卻極為偏重。

《阿達婆吠陀》的咒術，有治病法、長壽法、
增益法、贖罪法、和合法、女事法、調伏
法、王事法、婆羅門法。當中以「息災」、
「增益」等之幸運，與退除對敵之「調伏」咒
文為其主流。

**這種「息災」、「增益」、「調伏」之修法與密
教之《蘇悉地經》或《大日經》系統之三種修
法與名稱相同，內容亦同。在《金剛頂經》
系統中則加入「敬愛」、「鈎召」而為密教「五
種法」。**

密教中之忿怒尊，可以視為攝自非阿利安之原土著文化。如五大明王則淵源於土著家族內的思想，其中金剛夜叉明王就與「引多斯」文明的母神像有密切的關係。又大元帥明王、毘沙門天王的前身，都具有山林母權社會之非阿利安人種之姿態的投影。

孔雀明王、龍王、蛇等也都有森林原住民族的影射名稱。而食血、食人肉，以蛇為腕輪，以人之頭蓋骨為飾物等，在在都具有受土著民族尊敬之母神特性。這些都不是印度阿利安族的起源，而這些特徵，後來皆被**密教之母體**「怛特羅 Tantra」系之母神所攝取。

「怛特羅 Tantra」分作左道派和右道派。左道派 Vama 意為女性,因在印度神話中女神總坐在男性神的左邊,左道指男人借助於女人進行修行,乃將人的性行為置於宗教最重要地位。另一種右道派為清淨修行,這說明了密教之母體「怛特羅 Tantra」本身並不是單一的,而正純密教並沒有攝取「怛特羅Tantra」左道派之修法,這與後期發展之左道密教或藏密是有差異的。

由古印度入侵者阿利安族之吠陀文明,到融合印度土著(奴隸)民族神祇之後《黎俱吠陀》及《阿達婆吠陀》,到原始「怛特羅 Tantra」系祈禱儀軌宗教活動。可以見到正純密教儀軌及修法之源頭。但要留意,儀軌修法乃至咒語雖類同,但正純密教卻賦予了它們密教「全一」的精神(以宇宙所有一切為真我內容而包容之)。以此為立足點,正純密教實不可與鬼神憑依之原始怛特羅 Tantra 相提並論。

第二日談（下）
佛陀前後的咒術

佛陀出世弘道時，極力改革舊有的宗教信仰，主張以徹底的自悟為依止，故禁止咒術及婆羅門之宗教儀軌，這亦是原始佛教的基本性格（原始佛教中咒術一般雖然禁止，然對於護身的咒頌則默然認許之，這在巴利語佛典中可以窺見一斑。現今南方佛教團裡，就有二十九種的除災明咒，諸如除蛇害的鍵度咒、護身孔雀咒等）。

當時社會上民族之交流頻繁，社會發達，婆羅門教的傳統拘束力也正漸漸崩潰，加以佛教及六師外道（即今天所謂哲學家）的影響，可以說咒術的宗教儀體一般被予以否拒。

而在佛陀的教説中，稱究極之智慧為「明」，當中包括了利用各種學問、科學的智慧。大乘佛教更有「菩薩在五明處學」的論調及主張。後來大乘佛教中的密教發展裡，有所謂「明咒」，乃發揮咒的智識功能，及其原始科學的意義。雖然真言密教咒術的樣式類同婆羅門教的傳統，但其根底是具有佛陀自內證的「全一」精神，故不失其確實究極之「明」的立場。**故密教之咒即關乎佛陀智慧的基本性格。**

公元後，歐洲文明進入印度，佛教遂亦演化而具大乘思想，對於天文醫學、論理之學説大為興隆。此外，由於受到美術文明的輸入所影響，而開始彫刻純印度式的佛像。歷史發展的結果，卻使佛菩薩像的塑造與禮拜儀軌，密不可分。

二世紀前後，大概都在佛像前供以香花燈灼，並舉行陀羅尼念誦儀軌，其禮是攝取婆羅門儀式，而內涵則是佛教精神之莊嚴的禮拜法。

補充說明，南印度在公元前二世紀有安多羅王朝，大為保護婆羅門教，確立了純印度文化，佛教中大眾部系統亦極繁榮，遂成大乘佛教境地。初期大乘經典之一的《般若經》亦於這時成立，龍樹亦出生於南印度，後成為大乘八大宗王，又是真言密教的開祖（正純密教）。

公元前二世紀以至後二世紀，婆羅門勢力大張，對於社會文化宗教大力強調其教禮，阿利安文化自此包攝部族信仰與民間信仰而燦爛一時，而在都市民眾心底之土著思想亦漸而露出表面，遂使原阿利安民族之文化與非阿利安之原土著文化，自然混融而成為印度教。

大乘佛教亦因之受婆羅門教儀軌及印度教的民間信仰所影響，也出現了儀軌及咒術濃厚的神秘主義色彩。

本來陀羅尼在印度老早就是瑜伽修法之一的執持為其起源，用以統一精神及集中意志為目的。**大乘佛教是取陀羅尼用於總持妄動之精神，以進入三昧之手段。**

又陀羅尼可以看成經典內容之結晶，經與大乘經典之讀誦信仰互為交錯，即轉成為讚頌讀誦陀羅尼的功德，且多引入於大乘經典中。所以，佛教之明咒，有咒文與智慧二義。

如《般若經》中更大膽地說，般若波羅密之智慧即是大神咒，即是大明咒、無上咒、無等等咒。龍樹《大智度論》第五十八卷中有：**外道為滿足眾生慾望而人人尊重咒術之語。但般若波羅密的咒是破諸多執著而得佛智，所以同是咒，佛教的咒是無上、無等等的咒云云。**

總的來說，陀羅尼是構成密教的基本要素之一，亦在大乘佛教中有不可忽視的重要性。真言密教之陀羅尼的特色是具有並包容大乘佛教的「全一」精神，而融匯於密教的儀軌之中，故不可以與鬼神憑依之類相提並論。

大家細意看，弄清楚密教來龍去脈，才不會被鬼靈精怪、神話故事中怪力亂神的迷信思想所誤導。密教其實可以十分理性地進入，其法身直觀經驗確是一大秘密，唯自證乃能知之！

隨後兩天，我們講《大日經》、《金剛頂經》之結集。以《大日經》與《金剛頂經》為基準之密教為正純密教，而以其他非組織的斷片密教為雜密。

雖然真言密教咒術的樣式類同婆羅門教的傳統，但真言密教之陀羅尼的特色是具有並包容大乘佛教的「全一」精神，而融匯於密教的儀軌之中。故不可以與鬼神憑依之類相提並論。「全一」是法身、諸法之實相，是正純密教的精髓所在。正純密教之一切修法，無非都是法身觀！之後的「教義」談，我們會深入它之意義與內容。

後一週「實修」談，我們會深入「法身觀」之修法。第四週「即身成佛義」談，我們會講「全一」之自內證！

第三日談（上）
密教經典組織成立之劃時代意義

七世紀至八世紀，雜密（以《大日經》與《金剛頂經》為基準之密教為純密，而以其他非組織的斷片密教為雜密）隆盛於印度及其周邊地域，當時**大乘佛教中所孕育的陀羅尼、咒術、瑜伽觀法、宗教儀式等趨於組織化的總合機運亦漸臻成熟**，而大乘佛教之神秘色彩，於此時期更加濃厚。

大乘佛教本來強調着神秘主義的傾向，然高度發達的大乘佛教哲學，被應用於獨自之實踐體系中而抽象化，徒將「佛」理想化，只以完美無缺之聖人，投影於彼岸。但愈理想化則吾人離佛愈遠，結果若不經三大阿僧祇劫之無限時間積聚修行功德，便無法成佛。

相對於此，密教中那「突破世俗經驗所支配的現象世界而超越日常經驗」之「三摩地秘觀」，獲得般若智之中觀學派支持。由世俗之認識而轉換絕對智的唯識學派，都從密教「神秘的法身直觀」而通達目的。**此時神秘的直觀內涵之密教實踐體系是大乘佛教不可或缺的一面**，亦是大乘佛教必然之歸著點。

所以，這時所出現的諸多論師團體，**在思想上雖分別依止中觀、唯識，或依中觀瑜伽行說，但在修法上，均從密教之修法以實踐其目的**。故大乘佛教的思想，確在其發展中都具有濃厚密教的特色。

由上述的意義下，《**大日經**》**與**《**金剛頂經**》**組織體系之建立實是密教史上劃時代的一頁。於真言密教而言，以**《**大日經**》**與**《**金剛頂經**》**為基準之密教為純密，而以其他非組織的斷片密教為雜密**。相對於西藏或印度的雜密經典即是《怛特羅》，《**大日經**》、《**金剛頂經**》**之密教為印度中期之密教，此等經典之前為初期密教，其後為後期密教**。

由初期密教漸進於中期密教的立場，大概有着下述特色：**初期密教是採取釋迦的説法形式，以轉禍為福之儀軌為主要中心，對於陀羅尼、印契、觀法之有機的關連性都沒有重大的注意與關注，曼荼羅還在形成的過程中。以《大日經》、《金剛頂經》為代表的中期密教卻是以毘盧遮那（大日如來：釋尊在宇宙秘密開扉之處説法，即法身在説法）為教主，以究竟成佛為主要目標，融合了大乘佛教思想與密教儀軌，更加重視身口意之三密相應，諸尊亦由一定的理念而攝入於曼荼羅的組織中。**

以上是今天之第一部份。大乘佛教發展中，已具有密教背景，而正純密教經典組織成立確具劃時代意義！

第三日談（下）
大日經典與胎藏曼荼羅

《大日經》名謂《大毘盧遮那成佛神變加持
經》，成立於西印度。如佛預言般若經的流
徑路說「舍利弗，如來滅後，般若波羅蜜當
流布南方，從南方流布西方，從西方流布
北方」，《大日經》在那蘭陀寺中所組成之成
份居多，是先傳於「阿將達」(Ajanta)或「那
尸克」(Nasik)等巨多窟寺院的南印度地方
為正純密教的根本經典漸被認出其價值，
而於此石窟山處被眾人讚仰。繼而經由「不
漏祇」(Broach)沿隊商過的道路，而於第七
世紀後半期流傳到中印度或北印度。因此
之故繼玄奘後往印度取經之無行乃得之而
自己受持，而於無行死後即傳到中國。

因之把《大日經》介紹到中國來的，是以無
行作為最初。開元十二年（西元724年）由善
無畏三藏譯成中文，沙門一行為之記錄。

全部由七卷組成。第一至第六卷之三十一品為中心經典。第七卷之五品則是其付屬儀軌。西藏譯的《大日經》直至九世紀才翻出。《大日經》中第一〈住心品〉敘述思想部份比較多。第二之〈具緣品〉以下都是記述曼荼羅、印契、真言、有關修道方面為其中心。

《大日經》第二之〈具緣品〉以下是以曼荼羅、印契、真言等角度去說明觀照第一〈住心品〉密教精神。密教精神是種個我活現於全一的精神。以所有一切為自己內容而包容之，不被其約束而「照」而「生」之，渾然而成一如之境地。

密教精神（個我活現於全一的精神）的表達工具，最根本仍是語言文字（《大日經》仍是由文字組成）。但依正純密教之獨特方法如實來表現，無論文字或現見的事象，就不祇是知性的記號而已，而是更予以標幟化、象徵化而賦予感情之喚起性或神秘性、無限性；通過這特殊化之感覺的事象其物，來表達傳遞密教精神。

這個象徵物，並不是自能表現所象徵的全盤內容。**是透過象徵性來捉其一點，以之作為代表，同時以其他之一切為背景來暗示所包含之一切。**令行者感悟了「全一」的內容，這就是密教表現方法的特質；是以普通之言語文字摘出一相、一義來代表某種定義，同時以其他一切為背景，以之暗示令行者自然味得「全一」的內容而默照之。

這種特殊化的言語文字予以體系化者，即正純密教之真言或陀羅尼。**以世間普通之言語文字加以真言陀羅尼化、標幟化、象徵化，名曰「加持」。**由此加持而使密教精神如實地表達出來。於《大日經》云：「何是真言道？」曰：「加持、書寫文字也。」

世間普通之言語文字與密教真言陀羅尼之差別在哪裡？世間普通之言語文字是傳達思想的知性工具，以一相一義為基礎。然而真言陀羅尼就不是如此，不重視言語的量，而重其質。祇摘其能如實象徵密教精神內容的特殊言語文字，用此特殊之言語文字意義為門，令眾生徹悟其義之深處，而掘入其內容，經由此所暗示之背景的無限性，使眾生感味把握體悟的全一的內涵。因此，世間之言語文字，一般稱為語文或文章，而密教則曰「真言或陀羅尼」。

正純密教精神的表達，不僅止於文字語言，而是以感覺的事象為本的。這事象是現實的、具體的、個別的、有限的，且富有感情之喚起性，於知解密教精神上言最為有效。無論是天華、蓮花或金剛杵等，以種種事相直截了當地傳達真精神之真姿，都是屬活現當體的表達。**若人一旦能體得把握了這密教精神，且欲明白表現之，他就可以活現所有一切事物。於其事物中將全一精**

神予以個體化、具體化、現實化，以此去示現。所謂：「於證上融萬法。」即是凡世俗的一切，不論多麼卑劣之事相，無一不是密教精神的象徵資料。於現證上，都可以取之、持之而令其淨化、神聖化。故云：「種種世俗，悉為法界之標幟也。」**一切的事物加以淨化象徵的結果，密教就成立了佛像或曼荼羅以表達密教的精神。**其佛像或曼荼羅之傳達方法或工具的施設，能夠完全地表現出密教真精神，這一點是不可或忘的。

所謂正純密教之佛像或曼荼羅，是一種象徵的結果，原都是正純密教精神的傳達方法或工具。這傳達物與領會者間，必須要有某點的了解及約束。也就是對佛像或象徵物，必須要尊重並了解其所象徵的意義。**這就是解開神秘之鍵，是經由佛像或曼荼羅象徵物去通達密教精神。亦才能體認法身當體就是真我，而活現於「全一」。**

第四日談
《金剛頂經》

《金剛頂經》與《大日經》是正純密教所依之重要經典。**中國所譯的《金剛頂經》有三本**，即金剛智譯之《金剛頂瑜伽中略出念誦經》四卷，不空譯之《金剛頂一切如來真實攝大乘現證大教王經》三卷，施護譯之《一切如來真實攝大乘現證三昧大教王經》三十卷。**為十八場處所說的雜成經典。將有關連性的儀軌、修道法等基本聖典，匯集為中心而組織結構，以形成合攝相當分量之經軌群，都是一般密教經典之流布狀態。**這種情況，不單是以《大日經》、《金剛頂經》為限，就如後期密教所認定之無上瑜伽密教「鬱多羅怛特羅」或「釋怛特羅」都是具有同一演化的型態。

依東密傳統言之，密教是法身大日如來傳與金剛薩埵，次龍猛（龍樹），龍智而金剛智。這些傳承是依呂向之《金剛智三藏行記》

為據的，但無法由其他資料來證實。**唯七世紀時代，有龍猛、龍智阿闍梨之名，並有龍猛之啟示的密教行者的存在。以當時密教流行的狀態來看，上述的龍猛啟示的密教行者傳承是可能的。**

於《金剛頂經義決》有云：「有大德開南天鐵塔，相承此秘密法門」。這決非歷史上的事實，但這又是怎樣的一回事呢？

《金剛頂經》之初會名為一切如來真實攝教王。是大毘盧遮那如來對於一切義成就菩薩之質問，宣說其自悟如來性成就佛身之修道法，即五相成身觀的經典。並表示得到正覺地就是金剛界曼荼羅。

一切法都是大毘盧遮那如來的實相，是絕對者，亦是法身佛之功德相。為要表現這功德相的「神秘」，密教即以「塔婆」暨「制底」之形來象徵，有積聚或聚集之含義，表示「生」其物都是活現過去的一切、積聚功

德行業於未來，永劫而聚集之。善無畏三藏將「制底」翻為福聚，意為「諸佛之一切功德在其中」。從此義可知，諸佛之功德，即是積聚或聚集所有一切物的法身之內容也。以塔婆或制底之形，來象徵功德聚的宇宙秘密，是靈之內在體驗的事實，是「生」當體之表現，所以此塔又名「心塔」。善無畏三藏說：「梵音之『制底』與『質多』是體同也，其中之秘密是名『心』，為佛塔。」

即基於此而言，**為要開啟這宇宙秘密的心塔之扉，非先打破迷執「個我」為獨存性之物的妄見不可。**打破妄執在《金剛頂略出經》中曰：「開心」，或云：「開心戶」。**打破這層妄執，開放心戶，而貫通一切，無限絕對之靈的生命力才能流入。**如同於密閉之房中開了窗戶，天地自然美景才能透入一樣，這叫「入智」或名「金剛徧入」。因為開了心戶而召入如金剛般永遠不滅之全一，所以叫「徧入」。

這「開心」與「金剛徧入」，即用印明來表示心塔開扉之實相，初會之《金剛頂經》則作為結一切印之通則，須先結此表示心塔開扉之印的「開心」與「金剛徧入」印。

故於《金剛頂經義決》有云：「有大德開南天鐵塔，相承此秘密法門。」這決非歷史上的事實，不過是將心塔開扉之實相，寓於種種喻說以象徵而已。

為模擬此南天鐵塔，大師於高野山建立大塔，這就是心塔開扉的象徵。

什麼龍樹／龍猛菩薩開南天鐵塔，相承什麼大乘經典乃至接受什麼秘密灌頂，正純密教認為這決非歷史上的事實。大家好好看清楚正純密教折解當中的象徵性意義！龍樹菩薩去龍宮讀《華嚴經》的故事也是這樣子嗎？

是的。但這只是在說真言宗，及修證真言宗所體驗到的而已！

《華嚴經》比正純密教在中國流佈較早。其出處大家可各自去查找出來。反正什麼龍樹／龍猛菩薩開南天鐵塔，正純密教認為這決非歷史上的事實。

開元年間，善無畏三藏和金剛智三藏，傳正純密教於中國時，中國之天台宗及華嚴宗已成立。且力說龍女成佛與疾得成佛、雖非成熟完備之密教，但仍依理而說即身成佛之旨趣。

中國密教到日本，當時之日本佛教，已有俱舍、成實、法相、三論、律、華嚴等六宗林立於南都。弘法大師即把華嚴、天台兩一乘教併入密乘。並指出宣說「龍女成佛」及理論化之「疾得成佛」的天台宗及華嚴宗，始終僅提及理論，而未說及實踐方法。大師以「恰如跛驢」而叱責之，謂其不過是入真言道之初門。

第五日談
真言密教在中國發展

在中國開元年間，善無畏三藏和金剛智三藏傳正純密教於中國。

善無畏、一行與《大日經》

善無畏三藏是東印度烏荼國之王子，年僅十三歲而即王位，大集國民一般之信望，諸兄嫉其能而起亂故，予以鎮定，但自己對於王位不屑留戀，遂讓其兄，身投佛門。時，印度那蘭陀寺有位達摩掬多，不但精通真言密教，已經得到秘密體驗，名聲嘖嘖之者，故三藏師事之得窮其蘊奧，時常受師之策勵，依之決志往中國開教，不顧已經八十歲之高齡，將秘密經卷積於駱駝之背，共商人隊取路於天山北路，開元四年始來到唐土。玄宗皇帝深為嘉勉，欵待厚遇無所不至，以國賓之禮遇待之，不但翻譯很多之秘密經典，殘留了幾多的功績，開元二十三年，九十九歲示寂。

其弟子有一行禪師，禪師從北宗禪之普寂出家，研究禪兼學天台於弘景，後私淑於弘景之高弟，繼承教學的惠真，既成一家。善無畏和金剛智兩位三藏來唐同時師事於其兩三藏學究密教，當善無畏三藏之《大日經》翻譯時自當其筆受者，更追隨推究經之深義，撰著《大日經疏》二十卷。

金剛智、不空與《金剛頂經》

龍智之弟子金剛智三藏，西曆第八世紀初師事於龍智究學密教之蘊奧，於玄宗皇帝之開元八年，携了眾多梵本由海路來唐，在唐二十二年翻譯了《金剛頂經》等很多梵本，盛施教化後，開元二十九年，以七十一歲而遷化。

金剛智三藏之弟子不空三藏，身為玄宗、肅宗、代宗三代之帝師，集宮廷百官之歸仰，不但翻譯了自己請來之梵本五百餘部秘密經典，更弘布真言密教於中國全域。

中國真言密教現出其黃金時代，乃全是不空三藏之力。傳此三藏之正統者，即是惠果和尚。

真言密教在日本發展

始傳此中國密教到日本之弘法大師，是傳承惠果和尚之正統者。弘法大師於大同元年十月由唐歸朝。到筑紫，隨即撰《請來錄》，將所請來之經卷及什麼是密教，奏聞朝廷。

弘法大師當時之日本佛教，已有俱舍、成實、法相、三論、律、華嚴等六宗林立於南都；在北嶺亦有新開創的天台宗，各個大張門戶互相爭論。介在其間的弘法大師，欲傳此真言密教，若仍以「三乘教對密教」之教判法，是無法屈服華嚴及天台之一乘教學者，決不能樹立密教之新教幢。此時，弘法大師即把華嚴、天台兩「一乘教」併入密教。日本南都之法相宗及三論宗宣說經

遠劫以成佛，而真言密教倡「即身成佛」之宗義。另一方面，天台宗及華嚴宗雖宣說了「龍女成佛」及理論化之「疾得成佛」，但始終僅提及理論而未說及實踐方法，所以大師以「恰如跛驢」而叱責之，謂其不過是入真言道之初門。以此即身成佛之理論，與其實踐方法之三摩地秘觀並現之處，真言密教才有其優越性，這亦是密教最極力強調的。

弘法大師著有《十住心教判》，來對顯教中之各個宗教，予以詳細具體的檢討其得失，並顯出密教之殊勝立場和特質是什麼。所謂判教就是把本宗及其他宗教，看成各個佛教分別階段式來論，並予以巨細靡遺的審查之、差別之。

「法身説法」之象徵性

真言密教與其他顯教最大的差異在於以「法身説法」為其基本。這是一種象徵性，代表其教法以「無限絕對」為其力點，此天地間所有存在的一切事物，彼此相涉關聯而活現於全一整體；不捨個自之立場，自己建立世界；各以宇宙一切為背景，一刻一瞬地活現於無限絕對體驗之教。

人、法，各個都是絕對、無限

弘法大師説：「人法者，法爾也。何曾有其廢，機根絕絕也，正像何分。」言人、言法，其各個都是絕對的、無限的。沒有「機根」上下區別，亦無正、像、末之時分。從而其末法更沒有上根、下根之適與不適。亦無正法、像法有效驗，而末法之今日已無效驗之別。通正、像、末而互上、中、下一切機根，一切時、一切處、一切人，都能適然相應，此乃是真言密教也。因此「若能信

修，不論男、女皆人也，不簡貴、賤悉皆此器也。」又「明暗無他，信修忽證。」

學習密法也好、其他佛法也好，首要明白歷史上之具體的事實，不可把神怪傳說、怪力亂神當真。即依史的見地來直看，以具體的歷史之事實而盡量免除無理的看法。慎之！

第六日談
真言密教在日本

密教對於日本文化的影響,至為巨大,影響所及,非但及於佛教或神道教之一面,甚而波及於日本文學、美術、藝能等領域。

空海以前日本就有密教經典,但是純粹密教經典的引入,在平安時代初期,即與空海之密教(真言宗)或最澄、圓仁、圓珍之密教(台密)的弘揚有密切的關係。

奈良時代日本已有《大日經》及《金剛頂經》之傳入了。空海赴唐之前,就已嚴格的修持了虛空藏「求聞持法」。但由不空三藏所成之密教,還未傳來,僅有片鱗的新密教經典輸入而已。日本密教於此時仍處於暗中摸索的狀態。當時尚未見到大日如來及大日如來為中心之曼荼羅圖樣,這種純粹密教信仰之表徵,直至空海及最澄入唐學法,回歸日本後才予建立與發揚。

至於密教的一些修法，則於敏達天皇六年（公元577年）就已傳入了若干卷經論，並有律師、禪師、比丘尼以及其他咒禁師，陸續進入日本，這些咒禁師係指雜部密教之修持者。文武天皇時有役小角在葛城山修孔雀明王法。天平八年有越之泰澄修十一面觀音法。又大安寺僧道慈律師傳「虛空藏求聞持法」予善義及勤操，並再傳給空海。

可見日本在奈良時代，陀羅尼信仰甚流行。密教經典中都讚嘆誦持陀羅尼之功德，如《不空絹索神變真言經》序品中所說的，於不空絹索觀音菩薩像前持誦陀羅尼，能治身體眾病，可逃水災之難、劫賊難、戰爭難、暴風、霜雹、蟲害之難，或免被惡人誹謗及消滅一切煩惱，受一切諸天的守護等等。因此，為祈求現世之利益，信仰陀羅尼者急激的擴大。

又天平時代，領受沙彌考試時，陀羅尼卻是必備科目之一。除大乘經典外還有屬於密教部的《理趣經》、《千手經》、《諸佛集會經》的試題。又有千手陀羅尼、十一面陀羅尼、不空絹索陀羅尼、如意輪陀羅尼、佛頂陀羅尼、大般若陀羅尼等十數種陀羅尼之測試題目。故陀羅尼之讀誦，在此時代非但是密教特定之物，而且成為一般沙彌教養之重要部門之一。因此趨勢所及，陀羅尼信仰自然的且必然的大為普及。

日本奈良時代之密教信仰，都以雜部密教為中心，因以祈求現世利益為目的，故深受朝野歡迎。當時中國已經有《大日經》與《金剛頂經》為中心，而標榜即身成佛的新密教成立，並在當代中國另成一宗，與他宗分門而立，宣揚密法。但對此發展特加注目的就是空海了。後來空海入唐求法，歸國後，樹立密教，並將日本密教予以體系化，成為真言宗。另一方面，最澄、圓仁、圓珍亦相繼入唐求法，並成立了天台密教。

可知空海入唐前，對於密教的信仰與修法，就已相當深厚了。這時期，所謂根本經典之兩部大經《大日經》和《金剛頂經》或其他主要經典，亦都先後傳入而盛行書寫。期間亦有部份的曼荼羅隨之傳入，但這些都是唐朝時代之非體系的思想經典，對於師資相承為本旨且具有體系化的綜合性密教，於天平時期仍付闕如。

無論如何，**自印度以來之直傳密教，都由平安時期之弘法大師空海入唐由第七祖師惠果親自付法而面授傳來，故稱為付法第八祖，同時亦是日本東密「真言宗」之開山祖師。**直至於今，經過一千餘年，決定了日本真言宗之特性與風尚，使其密教之實踐組織成為教學型態的真言密教縣延不已。

空海密教是以建立《大日經》(胎藏界)和《金剛頂經》(金剛界)金胎兩部「二而不二」的教學思想為其前提。其密教內容,亦含有禪、法華、淨土、諸宗派之重要要素。而空海著之《十住心論》,可以說是搜枯佛教十宗而無遺的判教。此論對於了解佛教諸宗之思想,貢獻極大。

空海密教是以建立《大日經》(胎藏界)和《金剛頂經》(金剛界)金胎兩部「二而不二」的教學思想為其前提。未來兩週,我們將會步步進入。

第七日談
真言密教教義之「真我」義

「真我」即以天地一切為自己之內容活着，這並非止於漫然之生，是依各各其個體為主場、出發點，漸次伸於外於廣為包圍的環境之中，以全一而生的。

以此個體或肉體為基點，為媒介而接於他之一切物，活動一切物的同時，他之一切物又以此個體或通此肉體，才能感傳了其心之奧處所脈動的「真我」。

以此為基點、出發點的個體或肉體之有關的感覺是極其敏銳，比起有關之他物都緊而直接的切實的，所以自然對此個體、肉體特別集中關心，從而誤認此肉體是自己或云自我了。以此誤認為基調而區別了自他來主張個我，為保有此個我，肉體我而汲汲為了衣食住行、自思自作、妨礙他人而不省，盡為我慾而活動了。

但將「真我」之實相來考察時，如個我之肉體是無數之細胞所組織一樣，「真我」則是以宇宙之一切為自己之內容地躍動着大生命之「我」，都是以無盡無數之一切個體為細胞肢體而予以網羅統制，互相不可須臾離之有機的關係下生於一如的。此即「真我」之姿，同時亦是以其本質形態來說明個體與全一之關係。弘法大師譬喻為「雨足」，雨之足雖多並同一水。雖燈光非一但都是冥然同體者云，此個體的無數之雨足無論幾多都相通於一水之生命，各各之燈光如何地無數其照與被照之光明中都冥然相融，各各為一如而生於全一的。

以此個體，肉體為「我」之固執迷妄上；並以此個體肉體為基本、為根本，故言國家、社會，都以為只是此等之個體以機械的之所集合而已。這事實都是不知「真我」的本質的謬見。

原來「真我」是全一者，決不能解剖或分拆之物，此全一的靈之物為充實自己而生，或分裂成細胞或分出個體，無論如何其物無盡無數，都是為生於全一的緣故是不可或忘的。

如宿在母胎之生命的胚胎，為充實自己生於完全，都漸次而分裂細胞而統合形成肢體，由此更分裂其細胞或新陳代謝，充實其內容，於此才有肉體之生成、發育，現出其全一之姿。**與其相同，此宇宙之大生命的真我，自己完全而生，為一如之生故分出一切物與以發現生起，豐富自己之內容而充實之，此其物即天地萬有也。森羅萬象之當體故，其內容之一事一物，無不流通着真我的溫血者。無論何物都有其真我生命之脈動。**

一切物悉真我生命之脈動，都是生命之實相，是絕對者，是法身大日如來之功德相。**要表現此功德相之宇宙神秘，真言宗即以塔婆或制底之形為之。**

原來此塔婆或制底之語之成立當初是，舍利（身骨）之收容者為塔婆，無舍利者為制底，此二者之間以前是有明白的區分，但後來就沒有甚麼區分，到了今日都是完全沒有區分了。大概都用於同一意義。此二語都是語源以上，無論如何都含有「積集」或云「聚集」之意義。依此來示其「真我」之功德聚的宇宙其物之神秘。**「真我」的當體，亦即是為一切所有物之本質根源是，為照一切生一切的大日如來，同時亦是其大日如來自久遠劫之昔，創造而加創造，以其積疊聚集的過去之輝煌的功德行蹟為基本，更伸展於未來。活現其過去之一切，生於未來之永劫，積重聚集所有一切功德行蹟當體。**

如斯之此塔婆或制底就是全一之靈體的大日如來之象徵也，此即「真我」之宇宙法界標幟。故《金剛頂經》中，作為標幟之制底，乃象徵「換個心眼去直觀之，其當體即真我之姿也，以此去修習金剛不壞之世界為要」云。

又《分別聖位經》云:「此塔內即是毘盧遮那佛之自己內容的聖眾之集會也。即是其現證所映之宇宙的塔婆也。」此制底或塔婆亦即是金剛不壞之世界、大日如來自身之姿,同時其中包容所有一切物乃不外是大日如來自身之功德聚的集會而已。

基於《分別聖位經》之提斯,弘法大師於《金剛頂經義決》説所謂**「有大德開了南天之鐵塔相承了秘密之法門」**的傳説,**唯是宇宙真我的秘密映於龍猛菩薩之心眼的表現**,故才説「塔內即是法界宮,毘盧遮那之現證的表示之塔婆,三世之諸佛皆住此中」。

弘法大師模擬此南天鐵塔,於高野山建立此大塔,此為示其心塔開扉之象徵,此為「鐵塔大事」或云「大塔大事」而傳此給予真然,爾後於高野山為師資相傳次第而至於今天。

若要弄清楚真言宗,必須要識得宇宙大生命之真我,及任何一事一物具足真我生命之脈動。其內容為何?未來五天再一一為大家細説。

第八日談
真言密教教義之「真我」秘密體驗之表現

已用種種角度來說明「真我」是甚麼東西了，
這不外是「通過個體而生於全一的事情，以
一切為自己之內容而予以包容，又不被其
囚而照之生之，不但有明朗的智慧，要有
溫煖之感情，神秘之幽遠，意志之活潑等
來融然渾然為一的境地」。

但此神秘一如之體驗逾充實昂揚，都會生
起「將以甚麼形式而表現之」的顯彰衝動。
此即是此生「真我」欲對外伸展之力。其所
謂「在內的不得見之物擬將構造為有形之物」
的創造性之所使然的。其如「隱不如現」或
「思於內表於外」等即此也。

如何神秘之體驗得把捉於內心？此都是止
於完全之主觀的、個人的，即不得將此傳
與他方，以廣為客觀的。此即謂得成了獨
覺，亦決定不能具足自覺覺他，而成為真

正之覺者的理由。若果真正把握了神秘體驗以上，即向外而表現，依此而非去領導他人不可。

然此表現之用具之「言語文字」，原來是知性之產品記號故，由此都無法傳達「感情之溫度」或「神秘之尊嚴」或「意志之永遠流傳性」等等之真我當相之姿。從而自古之所謂「言斷心滅」或「言忘慮絕」，「百非洞遣」，完全否拒其表現的如是一面亦並不是無，但看其如何地消極百非重加否定，亦難免脫出以否定的表現之制肘。

有見及此，於真言宗即不取這種消極的態度。**依真言宗獨特之方法來如實地表現，此即以言語文字或現見之事象亦可，不以此為單單知性的記號視之，以此予於標幟化、象徵化，於此賦予感情之喚起性或神秘性、無限性等，通過其特殊之感覺的事象其物，傳達表現其神秘體驗者也。**此並非令其全寫依其自己欲表現的內容之物，

而是令其把捉某一點來代表此,同時以其他之一切為背景而暗示之,包容其明暗之一切,以全一的去感味此處才有其特質在也。

世間普通之言語文字與密教真言陀羅尼之差別在哪裡?世間普通之言語文字是傳達思想的知性工具,以一相一義為基礎。其所限定之某一意義所用的言語文字,是以量的多寡去連結,通常以一個或二個以上的簡短詞或句,去表達事物的完整意義。要了解其內容,就要從各方面去綜合研判。

然而真言陀羅尼就不是如此,不重視言語的量,而重其質。祇摘其能如實象徵密教精神內容的特殊言語文字,用此特殊之言語文字意義為門,令眾生徹悟其義之深處,而掘入其內容。經由此所暗示之背景的無限性,使眾生感味把握體悟全一的內涵。因此,世間之言語文字,一般稱為語文或文章。而密教則曰「真言或陀羅尼」,有「一

字含千理」的描述（就像現代數學的代數的
X、Y等，可代入不同數值即得出不同結果）。

密教真精神的表達，不僅止於文字語言，
而是以感覺的事象為本的。這事象是現實
的、具體的、個別的、有限的，且富有感情
之喚起性。於知解密教精神上言，寧是感
味上的較為有效。

在靈山會上，釋尊為直截了當地傳達此正
法眼藏、涅槃妙心之端倪，拈了天華而微
笑。雖然只有迦葉會意，但是這拈花微笑，
就是釋尊之全身、妙心之全體，當體活現
的象徵。

無論是天華、蓮花或金剛杵等，以種種事
相直截了當地傳達真精神之真姿，都屬活
現當體的表達。若人一旦能體得把握了這
密教精神，且欲明白表現之，他就可以活
現所有一切事物。**於其事物中，將全一精
神予以個體化、具體化、現實化，以此去示**

現。所謂「於證上融萬法」，即是凡世俗的一切不論多麼卑劣之事相，無一不是密教精神的象徵資料。於現證上，都可以取之、持之而令其淨化、神聖化。故云：「種種世俗，悉為法界之標幟也。」

誠如上述，一切的事物加以淨化象徵的結果，密教就成立了佛像或曼荼羅以表達密教的精神。既將事相用來表達具體的密教精神，就要有形態或色彩施設的要求。這自然地就成為「美」的表現形式，在不知不覺中將其藝術化了，密教精神之表徵也因此成為密教藝術。

但這些密教藝術是以表彰密教精神為目的，不可當普通藝術品一般看待，僅衹於線條或表情的好壞上去鑑賞。這密教藝術，從某一觀點上看，其形式的施設，能夠完全地表現出密教真精神是不可或忘的。因此施設此等諸形式來表現出密教精神，才是密教藝術的使命。

然而所謂密教藝術或象徵，原都是密教精神的傳達方法或工具。這傳達物與領會者間，必須要有某點的了解及約束。也就是對佛像或象徵物，必須要尊重並了解其所象徵的意義。如佛像有「三面」是表示什麼呢？五股又象徵什麼？所以於二者間，必要有妥當的認識及約束。

這等佛像或象徵物，就是解開神秘之鍵。同時把握了這鍵，始能經由佛像或象徵物去通達密教精神。亦才能體認法身佛當下的當體就是「真我」，而活現於「全一」。此佛像或象徵物，確實是密教精神的活現根本。以本尊的立場言，必須聖視之，不許與普通藝術品同觀。

把真言、手印乃至一事一物，予於標幟化、象徵化，於此賦予神秘性、無限性等，來達表現全一神秘體驗，令眾生徹悟其義之深處，而掘入其內容。而經由此所暗示之背景的無限性，使眾生感味把握體悟全一的內涵。

沒有掌握到這「真言陀羅尼化」及以之表現全一的內涵的正確方法，便縱所修的是真言密法，也仍只是左道右巫的外道修法了！

「全一」這概念比較少聽，有人問這是否真言宗特有精神？「全一」精神、修證與生活，確是正純密教的特色及殊勝之處，是佛教精神最終極的發展。

重點如下：

正純密教之「全一」原理

- 密教之根本經典《金剛頂經》乃以全一（法身）之我為真佛的法身大日如來為觀想對象。由於其根本之法身佛遍照一切、活現一切，創造各式各樣之物，於各種各樣之世界而應現，所以言十方諸佛不外是大日如來之化現而已。故歷史上之釋尊，亦是此法身如來之一變化身而已，從而大日如來是其中心，是法身為本也。

- 與《金剛頂經》並為密教兩部大經之一的《大日經》來看，以法身大日如來神變不思議力故，示現種種身，於種種國土行攝化活動，「若有眾生，應以佛而得度者即現佛身，乃至或現聲聞身、或現緣覺身、或現菩薩身、或梵天身、或那羅延、毘沙門身、乃至摩睺羅伽、人非人等身，以各個言音住種種威儀，給予化度之」之說示。

- 凡一切皆是佛故，不得輕視此肉體為中心之自己，自以為是凡夫或無價值之人。自己生於此，依此而活現，以此肉體為中心立場，全一之真我不斷地一剎那、一剎那活現於無限永遠故，自己是全一真我之一面，亦是法身佛之活動體。一事一物都是以各個之立場而活現於全一之真我，無一不是法身佛者也。

- 依此把所有一切物視為佛，以奉事、供養的心，去處理一切，此處才能現出佛世界的協同一如之社會。飛錫力說：「必不心前立凡境，或自身為本尊想，此瑜伽真言之深妙觀門也。」和此亦是同一旨趣。

- 此全一之真我，其當下之一瞬，乃宿集過去一切時孕育未來之一切時，一瞬一瞬地向無限永遠地活現。

- 真我通過各個之個體的活現上；個體以周圍之環境而生，以此等為一體而成，即是實際之現實。實相的宇宙，只有「全體」，沒有「部份」。（如指一個人，就是指其人全體，不得指某部份肢體，若指某一部份肢體，就不成其人。若將這物質我為立場、為中心，孤立勉強分彼此，細別分析，這乃是將其一體之活現，暫時形諸於理性上的抽象概念而已。）

- 密教修證最重要目的，就是把握密教精神中心的真佛，用普通的方法是無法去體認理會的。換言之，即是如實把握全一之真我當體，而其真我個體是超越對立存在的時空，不斷地活現一切、創造一切之絕對者。所以用普通的方法是無法去體認理會的。

- 正純密教之神秘直觀法名瑜伽、或三摩地法：依之能夠把握到了真我的當體活現，即會體達到全一的宇宙神秘；而可以通此個體之肉身，實現真我之活動，凡人當即成佛。

- 如獻花即花與三昧相應，其中本尊（花菩薩）現前明了。若香、燈、塗香、閼伽水等供養，又香與三昧乃至香水與三昧相應，一一之本尊隨而現前。如斯一一緣中，皆入法界門，皆是善知識，旋轉運用與理相應。」此花、香、燈明等「事」當體視為是生命之存在、「此全一之宇宙法界也、真佛也。」

- 若把握此密教精神活現真我的話，宇宙一事一物無一物不是佛。同時此事事物物之世界，當體即是佛與佛所創造莊嚴之曼荼羅世界。使此曼荼羅世界之事事物物展開的全一之法身佛妙用，以阿閦如來或寶生如來乃至諸尊菩薩、天等來表現，將此示之於形象上。不祇以和一般人一樣之二臂二足來形容，也以三面六臂，或十一面四臂，或四十面千臂等特殊之形相來表示，此乃象徵法身佛之各方面的各個活動者也。

- 其「遍滿虛空的一切如來，具諸相好皆入於法界定。」又「自身住於佛海會之中」等密教之觀佛，是體認十方到處皆佛。自己自身亦是佛而住於佛與佛之中，剎那剎那地活現於永遠，各個地直接參與全一之創造及建設。由於思念此等，就能自覺體會真我之謂何物，此即是密教的特質。

- 雖言宇宙存在之一事一物，皆是全一之真我或云全一生命體之出現，但親證直感此者，即在於自己開扉的純淨心上。人若妄念垢穢之念頭淨止，心住於至淨之一境，就會感得此真我之真相的大生命脈動。

- 密教之觀法，都是依此思念觀想來體認：「如實之真我當體的全一生體法身佛，其整個全一，照樣地以全一中之各個事物為立場，各個地活現絕對，其一事一物以宇宙一切為前景背景。『一即一切』，所有過去及未來，又都集於現在一瞬之中的『一剎那即永遠』。」亦即是明白由各個之立場，各自充實此宇宙，莊嚴其內容之真相而已。

- 例如，以密教之供養雲海思想來看，因為根本佛之大日如來恰如太陽，無論正者或不正者，皆不惜其生命之光，平等地普照哺育。一花一香無非妙諦，以至微塵之末，都滲透了其生命之光及其無限的功德。當體即是無限，都是全一，都是遍法界。以此遍法界之一花、一香，供養遍法界之法身佛。此供養之事物與被供養之佛，俱是宇宙之絕對體、絕能所之供養雲海。

- 此遍法界的宇宙全一之法身佛，分開即成為無量無邊之一切如來。遍法界之實相的一花、一香，當體即無量無數之香花供養故，即成無量無數之香、花供具，供養各個遍法界之一切如來了。「我今所獻諸供具，一一諸塵皆實相；實相普遍諸法界，法界即此諸妙供；供養自他四法身，三世普供養常恆，不受而受哀愍受。」五供養偈即此意也。

● 密教是把一事一物無限化、絕對化，以
  事理一如為當體。故專以法供養為真
  實，否則香、花等事物的無意義供養。

總結來說，宇宙萬物盡是法身佛全一的內
容，心者佛之靈體，行為即是佛之妙用。靈
肉一如，色心不二，物我一體，悟此水冰一
如，生佛不二之理趣；化魚為龍不易其鱗，
轉凡成聖不改其面，即為密教之指歸也。
然人人皆囚於個我，不知個我即大我之細
胞，終日鑽營，以致沉迷苦海。若能依密教
之精神，衝破自私之藩籬，伸展於社會人
群，在充實自己的同時，去莊嚴全一之內
容，則我們當體即是佛了。

第九日談
真言密教教義之「真我」依六大之表現

凡所有一切物為「真我」之內容，而更超越為一切物之基本：生一切、照一切，含一切、育一切的「真我」之姿，確是靈妙不可思議。

此之神秘實相，以身去體驗的境地於《大日經》曰「一切智智」，以地水火風空之五大來表現此。即云：「世尊，譬如虛空界離了一切分別而無分別亦無其分別，如斯一切智智亦離一切之分別，分別亦無，無分別亦無。」空大象徵一切智智（神秘實相之體驗）亦離一切之分別，分別亦無，無分別亦無。

又云：「世尊，譬如大地為一切眾生之所依，如斯一切智智亦為天、人、阿修羅之所依。」地大象徵一切智智（神秘實相之體驗）亦為諸眾生之所依。

又云:「世尊,譬如火界焚燒一切薪無厭足,如斯一切智智亦焚燒一切無智薪無厭足。」火大象徵一切智智(神秘實相之體驗)焚燒一切無智薪。

又云:「世尊,譬如風界除一切塵,如斯一切智智亦除去一切諸煩惱塵。」風大象徵一切智智(神秘實相之體驗)除去一切諸煩惱。

又云:「世尊,譬如水界一切眾生依此而歡樂,如斯一切智智亦為諸天、世人作利樂。」水大象徵一切智智(神秘實相之體驗)為諸天、世人作利樂。

此處説示之象徵,已超越了普通之所謂「大地為一切所有物之所依,水清涼而去熱惱予以一切物歡樂,火即燒一切薪,風即除一切塵,虛空即離一切之分別以無染無著」,正純密教之六大,不外是象徵一切智智之體驗境地而已。

此善無畏三藏説明之「世間之種子以地水火風為緣，因虛空無礙故然後可以生出。若缺了一緣亦不能增長一樣，一切智性之如來種子亦如是也。即以一切智門之五義為自之眾緣，故能至菩提常住之妙果者也」。

此之以地水火風空之五大來象徵之一切智門之五義者，即是一切所依（地）與，清涼歡樂（水）與，燒一切薪（火）與，除一切塵（風）與，離垢無著（空）。《大日經》之〈具緣品〉即用更深入之言語説之，其宣明即如下：

「本不生」、「出過語言道」、「諸過得解脱」、「遠離於因緣」與「知空等虛空」。

此一切智智之境地，能為一切物之所依之所以者，其即超越一切之對立，包容一切、本來不生不滅之絕對體故也。其賜予清涼歡樂於一切物之絕對法悦之境地是超越了一切思議之處即「出過語言道」，燒一切之無智薪即當於「諸過得解脱」，除因緣相對

之塵即「遠離於因緣」，離了一切分別之垢
成無染無著之處即當於「知空等虛空」的空
智者也。

此本不生與出過語言道與諸過得解脫與遠
離於因緣與知空等虛空，以此一切智門五
義，即《大日經》〈具緣品〉之真言道之儀則。
以一字之真言來示之，即如次：「阿、縛、
羅、訶、佉」之五字門。此「阿」是意味本
不生義的原語 (An–ntpāda)之首字。其餘
各字意味一語言的語首字，「縛」是意味諸
過塵垢的(Rajas)之首字，「羅」意味因業之
(Hetva)之語的首字等等。

而「阿、縛、羅、訶、佉」之五字即又以地、
水、火、風、空之五大來標幟象徵，表現一
切智門之五義故，變為如次地、水、火、
風、空五大之種子。此五大、五喻、五義，
以表現一切智智之境地時，弘法大師即以
稱為秘密法界體。

此之一切智智之境地是超越了一切之思議的神秘靈妙之宇宙法界體故，但為說明此即將此五大開為六大。此乃物心之一物兩面觀而已，亦是貫物質的五大之妙物心靈以為之識大故也。即以地水火風空五大為本不生之五義而貫此之物的一切智智即精神也，此當體即識大者也。

今將此五大、五喻、五義、五字門與一切智智的識大之關係圖示之即如下也。

地大｜一切所依｜我覺本不生｜「阿」

水大｜清涼歡樂｜出過語言道｜「縛」

火大｜燒一切薪｜諸過得解脫｜「羅」

風大｜除一切塵｜遠離於因緣｜「訶」

空大｜無礙無著｜知空等虛空｜「佉」

此處所言之五大，並非像小乘佛教之所謂原素，不外是象徵如來內證之體驗境地的一切智智之精神的方面之表現，其象徵一切智智當體其五大即視為識大。故大師將詮示「我覺本不生，出過語言道」等之一切智門五義之《大日經》所說之偈頌來記六大時，以本不生以下之語句記於地水火風空之五大，同時以初之「我覺」之二字配於識大，「我覺者識大也，在因位名識，果位曰智，皆即覺故」。

此之「我覺」之境地即一切智智、同時亦即此境地是《金剛頂經》之所謂「普賢，金剛薩埵之菩提心之當位也」云。由此見地即將此金剛薩埵之種子「吽」(Hum)以為識大之種子。

於小乘佛教等即以五大就是指物質之原素，言識大即表示精神之基本，但真言宗對於五大或云識大決非其物，無論如何都是表現象徵一切智智之境地而已，而言五大或

云識大，色（物）與心不言有異，大師之所謂秘密法界的象徵密號而已。其本性完全同一者也。故大師云「四大等不離心大，心與色雖異其性即同也」云。又「諸顯教中以四大為非情，於密教即說此為如來之三昧耶身（標幟）。此真言宗作為正純密教之六大與顯教有異，如何都是表現如來內證境地的一切智智之三昧耶形，不過即是標幟身之趣旨也。

更在大師對此六大之真義以偈頌而云「六大無礙常瑜伽」等說之，此並非指其原素之大種的六大互相無礙地涉入之謂，於真言宗而言之六大各各都是一切智智之如來體驗之境地的表現象徵故，言地大即一切智智皆地大也，言水大即一切智智皆水大，此之象徵的六大各各之內容互為涉入無礙沒有離反或反背，常恆地調和相應（瑜伽）之境地的宣明之外無之。

今天說六大如何能夠象徵如來內證之體驗境地的一切智智之精神的方面之表現。大家多讀幾遍。這是正純密教的基礎。若弄不清楚這段，從正純密教見地所修密法，無非都是左道右巫之迷信法術而已。

縱觀這兩天的文章，大家只須對正純密教的「真言陀羅尼化」及「宇宙曼荼羅化」之方法的基本原則有所領悟，即可以。未來我們在實修、即身成佛義的兩週，再示範怎樣去相應那真言和曼荼羅所象徵的神秘莊嚴境界。

真言陀羅尼化是什麼？舉例說，五大緣起說，小乘已有。真言宗把這超越了，用五大來形容佛的證道：一切智智！真言宗是拿五大的種子字來形容佛的證道：一切智智，是名真言陀羅尼化。至於五大本有的意義，也沒有刪除必要。

那麼,「曼荼羅化」又是什麼呢?大家多想想。明天說「秘密莊嚴與曼荼羅」為大家一一解說。

總的來說,是先用象徵性、神聖性建立全一精神,再藉實修法身直觀法去定住、契入全一境界。

至於這全一境界的秘密,則在即身成佛義會直接說破!

第十日談
真言密教教義之「真我」依曼荼羅之表現

此世界之一草一木皆有其各各之立場，依其餘所有一切為背景，一刻一刻地向無限之絕對而生。這是真正之現實，將此現實以「如實而知見而得之乃是真言宗之真精神」，以此真精神以全一的，即種種之事象或種子字來表現象徵者，即曼荼羅也。

曼荼羅者，依正純密教來説，即意味着粹實至實的「曼荼」一語，後附加了所有或充足等意義之後接語「羅」字，即所謂具有粹實至實充足之物。《大日經》説：「曼荼者粹實至實，即本質之義也，羅者即成就義也。」大師説明之：「為明悟無上菩提（覺）即最勝無上之本質也、粹實至實也。」又説：「於此之教能取得其無上正等正覺，即是本質粹實至實，取得此為曼荼羅也。」

依此等視之就可以明白，於正純密教之曼荼羅者，不外是證無上菩提即無上之密教精神予以如實地把握，以此來作全一與個我的關係上表現象徵者。

這全一與個我之關係，如何地表現是未必一樣的，但暫以金、胎兩部曼荼羅為基本為限，即以中央之大日如來為「生」其物當體（宇宙）：即標幟為我體之全一。由此流出所發現之無限無數之眷屬諸尊，則為「生」其物之內容的各個之細胞的象徵。

舉個譬喻，此全一中所包容之各個之細胞，是其全一的「生」其物而言，即是其眼或其耳或是腦乃至手或足。「生」其物是依其個體之眼而見，依耳而聞，依腦而思考，依其手足而行動，無論何時何處都以眼耳手足等器官而生成活動者也。

而為「生」其物之全一逾開展發達，其內容之細胞體亦隨之分裂分化成多種多樣，而其各各互相交涉關連，都以全一為背景去建立各各個個之立場與自己之世界。通此各各自己的世界來輔翼翼贊其「全一」，重重無盡地將「全一」其內容予於豐富莊嚴。

正純密教此全一與個我之關係，是諸尊集會。乃此曼荼羅故，善無畏三藏云：「曼荼羅者名聚集，今如來是以真實之功德集在一處，乃至十世界微塵數之差別智印，在輪圓輻輳輔翼大日心王，為一切眾生進趣普門（即全一），其故說此名為曼荼羅。」

而其各各之個體以自己之立場，輪圓輳輻輔翼「生」其物的大日如來，其個體之原動力還是「生」其物所發生故，其根源的「生」其物為基本為限，都是「生」其物的全一，通了各各個體故才能一刻一刻地生於永遠，無限地莊嚴自己自身者也。

為莊嚴「生」其物之內容活動雖是無盡而無限，但將暫以具體的擬以人間活動之樣式，以身語意之三方面來考察時，謂之身語意三無盡莊嚴。

此三無盡莊嚴之活動的「生」其物，是不被何物所制肘的自由活動，言是一種金剛舞戲以其內容的各個之視親之；對立的而分為能化與所化。對於所化之眾生而言，特別強調能化之佛菩薩等之活動表現為常也。

從而《大日經》之別序等以「生」其物的大日如來，常為攝化一切眾生，示現種種樣樣之佛菩薩的身形，應同種種樣樣之世界，以種種樣樣之言語種種樣樣而說法，展開說此種種樣樣之佛意。善無畏三藏對此開示之：「依其三業無盡故，若以身而度之人即普現種種之色身，若以語而度之人者即依普門（全一）示現種種語言隨宣示導之令得入佛知見，若以意而度之人又如斯難以種種感通不得窮盡。」

此「生」其物的活動即三無盡莊嚴的表現，是以自然的大印之形象（佛菩薩形相）的大曼荼羅、以三昧耶形之事象的三昧耶（佛菩薩工作法器）曼荼羅、以種子梵文的法曼荼羅（象徵佛菩薩之種子字）、及佛與以供養之事業的羯磨曼荼羅也。其即如能次而以身、意、語與其一如之四種也，以此四種來概括一切之曼荼羅，故不空云：「以此四曼荼羅攝瑜伽一切曼荼羅。」

而此一切所有之曼荼羅不外是此「生」其物的大日如來之身語意之三活動，以全一與個我的關係來表現的。云身、云語、云意，都是超越了有限之對立之絕對之物故。說身即一切活動皆是身，說語即一切活動悉是語，說意即一切活動悉皆意。此身語意之三活動，攝各各之一切無餘。無論如何，都是平等無礙的，故云：「如來之種種三業皆第一實際，境至妙極。身等於語，語等於心等。像遍通大海一切處，如同一鹹味。」

此無限絕對之身語意，是三平等之境地的表現，亦即是身形、事象、或種子、或以其一如等之「大曼荼羅」、「三昧耶曼荼羅」、「法曼荼羅」、「羯磨曼荼羅」之四種曼荼羅者，其主眼之處是「生」其物的絕對活動故，以此為實相而肯定為限，如大師所宣示：「世間，出世間，所有一切教法均在法曼荼羅。世間，出世間所有一切有情即是大曼荼羅。世間，出世間之所有一切器界即三昧耶曼荼羅。世間，出世間之所有一切事業即羯磨曼荼羅。」

無論怎樣，此等之四種曼荼羅是「生」其物之絕對的活動，以身語意與活動四方面來表現象徵而已。故此等互相交涉關連不可須臾離而成一體，依各各自己之立場去統攝表現「生」其物的全一而不缺。故大師云：「四種曼荼各不離。」更以說明：「如斯之四種曼荼羅，四種智印是其數無量也，一一之量等同虛空，彼不離此，此不離彼，尚且如空與光無礙不逆者也。」

第十一日談
真言密教教義之秘密莊嚴之曼荼羅

曼荼羅雖有種種樣式，不能一概而論，但最根本的，就是胎藏曼荼羅與金剛界曼荼羅，即所謂金、胎曼荼羅、或云兩部曼荼羅。真言宗曼荼羅，都攝在此兩部曼荼羅。

今將胎藏先來窺其一瞥。**言胎藏者，即「生」其物之真我以所有一切為自己之內容細胞包藏於胎內，「以自己生命之息而令其生，而以養而育之」者。**何故養育一切所有物呢？這因為一切所有物雖是千態萬姿呈現不同之觀，但都悉皆自己之內容細胞，不外都是自己的真我故，而視一切如己身的見地上而「生」一切、養一切、育一切，所謂同體之大悲也。

由此同體之大悲而生一切、伸一切，通過各各個個之細胞而去充實，擴大「生」其物之內容，才能生出莊嚴的活動。此表於圖

像者為胎藏曼荼羅，亦謂大悲胎藏曼荼羅或云大悲胎藏生曼荼羅。

此大悲之本質即是胎藏，依其胎藏之力才能生所有一切物，伸展一切物，而通過各個個立場去充實莊嚴神秘一如之「全」其物的內容。所謂無盡莊嚴之上，今此謂之「秘密莊嚴」曼荼羅云。

此以甚麼形式之下，以用什麼風格來象徵表現，勿論有其各種意圖。**但今以秘密體驗來寄在圖像**的惠果和尚親傳弘法大師之所謂大師請來之現圖曼荼羅為準來解釋之。

其中央位即中台八葉院，此名之所以者因為用赤色畫大八葉蓮華於其中台故也。其八葉乃是「生」其物的全一大日如來，以超越時間的幽遠之古昔，創造加創造大行進而來，示其過去一切之輝煌的功德行蹟者，即以其八葉來表「生」其物之胎內。以其中央的無數之鬚蕊包藏其胎內，示其所有一

切細胞體的一切，由其各各而充實莊嚴現出廣多之功德行蹟。而善無畏三藏云：「由此之葉藏所包，為免傷壞於風寒眾緣，淨色之鬚蕊日夜而滋榮，猶如大悲胎藏。」

坐此無量無邊之過去之功德行蹟故，才有「生」其物之大日如來之今日也。為表此而又在其八葉之中央，更畫寶蓮，其上更畫戴有寶冠纏天衣的大日如來妙色身。其四方與四隅與其八瓣上畫了四佛四菩薩，這是「生」其物之胎內所包藏之各各個個細胞體，各各自己覺了甚麼，而各各生於絕對，至生於無限的因、行、證、入之表示。此以佛形與菩薩形之外無法形容。

包藏在胎內之「生」其物之細胞體的我們，若果有意生於絕對完全生於無限，無論如何都需要打破此肉體中心為個我所囚之迷妄才成。象徵降伏打破此迷妄者，即是中台八葉院之下方的持明院。其處畫有持明使者的不動明王與降三世明王，這乃表示依此而打破迷妄之始終的。

打破此迷妄的結果，即以所有一切物為自己之內容，才能把握開了全的遍智。示其當相即中台八葉院上方之遍知院，其即不能被任何物所囚，以三角形而表空、無相、無願之三解脫智。

而此持明院與遍知院對中台八葉院而言，即以全一的胎藏之境地，以破邪顯正，消極與積極之兩方面來分開上下去表示而已。故將持明院與遍知院合之即是中央根本體，反正將此三院合之即「生」其物的佛陀聖體的表示，故此云佛部，超越一切對立，表大定之境地者也。

此佛部的大定境地，本是照一切之光明智慧，具備有生一切的慈悲活動。當處而展開左右者，即金剛手院與觀音院，此前者即以手執大智金剛杵之金剛手菩薩為中尊，象徵大悲為主尊觀自在菩薩為後者，由此成為大智之金剛部族與大悲之蓮華部族。

而此「生」物之胎內所具有之，大定、大智、大悲之三德，以佛部、金剛部、蓮華部來表現而付有體系者即此曼荼羅也。此為三部曼荼羅，通其胎內包藏之各各細胞體，互相充實擴大其內容，對於無盡莊嚴上言，此為祕密莊嚴之曼荼羅。

無論如何都以中台八葉院為中心，周圍四方之曼荼羅為第一重，但「生」其物即以胎藏之全貌來分開以靜的來表示者，「生」其物本來是動的物，一瞬都沒有靜止而次以次之分出所有一切物，展開創造不絕地向永遠之彼方行進。此大行進之前途是無窮而多方面的。但依各各個個之細胞體為基點以上，其個體的自己其物要深以內掘下，去把握「生」其物之實體以堅固，將生於絕對、無限、完全如實的方面與將此個體為自己其物而向外廣伸，攝化他、同化他廣為生於大社會的方面，即云自證，前者曰體驗，後者謂教化或云化他。

若以前者為向上門，即後者為向下門，此向上向下，自證化他的兩方面之活動，亦即「生」其物之本來妙動也。

位於遍知院之上的釋迦院即屬表示化他向下門之活動，此為第二重，此釋迦院即以人間界之教主釋尊為中尊而畫，此為以人間之立場廣大而向外伸展，攝取教化他，表示令其生於完全的全一者。此外為伸展攝化之活動都不止於人間的立場、餓鬼、天人，其他所有一切以各各之個體為立場中心起了化他之行業。所以《大日經》的住於餓鬼立場，都畫有閻魔天之曼荼羅，或天人為中心的帝釋天曼荼羅，或其他水天，地天等之攝化曼荼羅。但今即只以人間中心以舉之，其他即從略之。

對於文殊、除蓋障、地藏、虛空藏、蘇悉地之五院，即以自證向上門之具體的體系而表示者，此為第三重也。此第三重曼荼羅是要不因於對立觀念而生於完全的全一之

文殊智慧之體得，同時依之於消極的即消除個我所縛之蓋障，積極的即以得到大地伏藏眾寶一樣的功德，其結果如虛空地包藏一切而不被其囚，其活用之妙成就，即蘇悉地之活動體得，示其才能生於絕對無限的完全境地。

以最外部之四方所住者，總為最外院，此即歸依擁護其內部之秘密莊嚴曼荼羅的諸天之曼荼羅也。從而畫有日天、月天等之十二天或十二宮、二十八宿等，自印度一般崇拜之諸天。

總而言之，「生」其物的胎藏曼荼羅，是象徵秘密莊嚴之曼荼羅，同時以蓮華來表現此，故又謂蓮華曼荼羅。此「生」其物以所有一切物包藏於自己胎內，其所包藏的細胞體之各各個個都是以過去生出一切的輝煌功德行蹟，而繼續積重未來永劫而聚集，次以次之生長展開，其即互相，相依相扶去充實「生」其物的內容，去擴大莊嚴其實

相，可以用蓮華來表現，亦可以用塔婆之
形來象徵。而此蓮華之表現的胎藏曼荼羅，
予以縮少即成大日如來之三昧耶形的塔婆，
以此一而可表示者也。

「宇宙曼荼羅化」之方法，我們試用胎藏曼
荼羅來作示範，是《大日經》所表現之象徵
化神聖化之佛的秘密莊嚴世界。這絕非一
些無謂的、分析性之哲學陳述，正純密教
即以胎藏界行法儀軌來契入秘密莊嚴心。
實修部分在第四週跟大家分享！

第十二日談
真言密教教義之五股金剛之曼荼羅

兩部曼荼羅，與胎藏曼荼羅並稱者，即金剛界曼荼羅。此金剛界曼荼羅是象徵金剛不壞之永遠世界，同時用金剛杵圍繞此曼荼羅之各重。此即表現永遠不滅之金剛世界於如實故，此稱之謂五股金剛曼荼羅。此曼荼羅之中央畫有五股金剛杵為緣的大金剛輪，以其中之五個月輪表五解脫。

於此五解脫輪之中，其東方標幟永遠不滅之金剛部族世界，表所有一切物在一刻一刻地生於永遠，此即所謂金剛部也。同時體驗之智慧上而言即大圓鏡智也。

有此如大圓鏡的明朗之悟的智慧，依此起初才能會得所有一切物生向永遠與不滅的如實。以此解脫世界之主佛謂「阿閦」如來，即無動如來，基於一切之對立觀念的所有一切煩惱或不安而動搖，表示生於永遠無

限者也。而此佛基於對立觀念之下的死魔或煩惱魔等之摧伏故,為此結有降魔之印。

此阿閦佛即以無動佛之境地展開於四方,以生於無限之永遠人之金剛薩埵,與將此立場去鈎召攝取一切的金剛王,與將此鈎召來的一切物以為真我之內容,與以熱愛的金剛愛,與由此而自他平等得到喜悅之世界為現實之金剛喜,為四親近來圍繞此阿閦佛。

次之南方解脫輪,是表示絕對價值之體認的寶部世界,此即平等性智之境地,依此智上以一切所有物,以平等的而使其成至上之價值,依此之取扱上才能將此一切寶財之價值展開於此世界。從而以此世界之主佛謂「寶生」如來。左手持寶珠右手與願印。此乃是以所有一切物活用之成為財寶,同時表示賜予一切。此寶生佛之境地開示於四方者即,金剛寶、金剛光、金剛幢、金剛笑之四親近,如次來說明即:物質上之

寶與精神上之智光，將此施予一切之活動，依此而得到實現而笑的境地之表示者也。

更在西方之月輪是象徵正智與無限愛的蓮華部之世界。恰如蓮花出淤泥而不染泥，所有一切物雖千態萬樣地呈其景觀，但總是其自性本來是清淨之生命體也。是個全一體的微妙觀察上言之，即表示此謂妙觀察智之境地，依此照見所有一切所有物不外是自性清淨之全一體時，油然而起了同體大悲之發動，當處才能開了無限愛的世界。當此世界之主佛謂「阿彌陀」如來，即無量壽如來也，結有定印與說法印揉合之所謂「彌陀定印」。此佛即一面統一心而生於無限，觀察自性清淨之全一體的同時，於他之一面之同體大悲上去教化一切眾生而說法，此表示無限愛之境地者也。

而此自性清淨之全一之法其物，與於微妙地觀察者即觀自在菩薩也，亦即金剛法也。依此妙觀察智，對於種種對立觀念為基的

戲論，與於超越除去者，即名文殊菩薩的金剛利。以此無戲論智為基因，開見此現實世界當體為曼荼羅世界者，即曼荼羅菩薩之金剛因。以此境地如實地開演給一切之所有者，即曰金剛語菩薩。此金剛法與金剛利與金剛因與金剛語之四菩薩，即阿彌陀佛之內證的展開之四親近者也。

其次位於北方解脫輪，是不被何物所囚，標幟着自由活動，羯磨部之世界。是或見或聞或嗅或味或觸等之感性世界，予以整理統制，成辦其統制之完全所作之表示境地，依此成所作智，個即由全、全通以個地展開遊戲神變之創造世界。此世界之主謂「不空成就」如來，何事都不敗必有成功的意思之佛。而此佛舉右手作施無畏印，表不被任何煩惱所囚超越一切之佈畏的自由活動。此自由世界的不空成就如來之活動，開為四方者即，金剛業、金剛護、金剛牙、金剛拳之四親近。其中象徵自由創造之活動者即金剛業，作此金剛業而保護其不被

遊惰放逸之一切所誘惑來護其身者，即金剛護也。更進而積極地突向無限之前方，同時摧伏其中途一切魔障者，即金剛牙。結果其身語意之三方面活動到了完成者，謂金剛拳也，此印在真言宗名謂「三密合成印」，表示身語意之三密活動完全合一而成就者也。

如斯住於東西南北的金剛部、寶部、蓮華部、羯磨部之四部，以精神的而言，即大圓鏡智、平等性智、妙觀察智、成所作智，更以內容視之，即永遠、價值、聖愛、自由之四世界，綜合此等而溶融之以全一的一如而生者即所謂如來部，此即名法界體性智，為此全一世界之真正體性，予以如實地知見之境地故名者也。其即完全如太陽而照一切生一切的大毘盧遮那，即大日如來也。為象徵此體驗之境地故結有表示覺勝的正智合一之智拳印。

住此法界體性智之如來部之大日如來之境地展開時，成為四部、四智、四世界，此更

擴大之即自金剛薩埵至金剛拳為十六大菩薩，此之開兼合為五部、五智、五世界，以五月輪或五股金剛杵來象徵。

無論如何此金剛界曼荼羅之五佛十六尊都是象徵。是五部、五智、五世界之實體象徵，故以男尊為之。然此其五部、五智、五世界是靈的生命之發現體而常在躍動展開生成，沒有靜止暫時，為表現此不斷之妙用，即以四波羅密與八供與四攝及十六尊女性為主，示其全一之大日如來與四佛的關係之互相供養活動。

此妙用之表示能力之(Cakti)的梵語是女性故，以女尊之形來為標幟，而其妙用即個由全，全通於個而發現活動，這都是聖其物與聖其物之互相交涉，互相崇敬之念故，表此妙用即以供養之語來示之。

即個體之四佛為供養全一的大日如來，而以金剛波羅密、與寶波羅密、與法波羅密、與業波羅密之四天女，來作此供養報酬，

為此大日如來即以內四供養之金剛嬉、與金剛鬘、與金剛歌、與金剛舞之四天女來示現，更以四佛應之以外之四供養之金剛香、與金剛花、與金剛燈、與金剛塗之四天女來供養大日如來。依此互相供養，而全一之大日如來益加其威光倍增，其結果才於曼荼羅之四門現出，金剛鈎與金剛索與金剛鎖與金剛鈴之四攝天女。以鈎召一切之迷者親近此金剛不壞之曼荼羅，引入其近來者為索，不再令其迷為鎖縛之，最後鳴了象徵無限之說法的法鈴，令其得到法悅。

此等之四波羅密，與內外之八供養，與四攝等十六女尊，亦云定門之十六尊，亦謂十六明妃（這裡所說的明妃，是表現證道者能以十六智慧之姿來貢獻法界，亦即供養全一真我之十六種智慧象徵，這跟左道密教之男女性交是有着天壤之別的），又其男尊的十六大菩薩與五佛加之為世七尊，以此三十七尊來代表五智、五部、五世界之實體與妙用，予以巧的來表現者即金剛界曼荼羅也。

此曼荼羅之第二重有現在賢劫千佛畫在其中。此以常恆現在主義之立場而言，即表示其全一之生命體通過各各個體而充實莊嚴其各各內容的不斷活動。

又以金剛界畔畫有他之五類諸天，這即表示如大自在天一樣的剛強難化之諸天，亦被生於秘密體驗的金剛薩埵所教化，成為了正純密教之擁護善神也。

此金剛界曼荼羅之五佛十六尊都是象徵，表示得到正覺地就是金剛界曼荼羅。這絕非一些無謂的、分析性之哲學陳述，正純密教即以金剛界行法儀軌來契入得到正覺地。實修部分在第四週跟大家分享！

《大日經》和《金剛頂經》所成立的正純密教之內容深密秘奧，不但直示佛之內證體驗而已，在其表現方式、或灌頂等之秘密化儀軌上，也與眾特別不同。

佛教中亦有種種教派，各各教法之內容確千差萬別。具體的對其各各之教派予以檢討，對其一一的教派是否具有正純密教之立場或特質在裡邊，並加以分別論述檢查，即是弘法大師的《十住心論》了。

「十住心」展示了由淺入深，秘密體驗之住心。把安心分為十種而展開者，即此「十住心」。而同時一貫此者，即《大日經》之「如實知自心」也，亦即所謂如何去「體認知見全一之真我」。

明天，我們將正式開始「十住心」，用正純密教貫通各宗，以突顯正純密教之殊勝。

第四週是實修，是具體體驗那象徵性所表現之神秘莊嚴，和如何由個體推廣至宇宙全一整體。

最後一週，最重要，是即身成佛義。到底六大和曼荼羅象徵的宇宙實相是什麼，到那時才能說清楚！

第十三日談
正純密教判教之「從凡夫到生天教」

天地間一事一物，無論是有情、無情，皆在互相交涉相關不分離的原則下，活現於全一。但大部份人卻置事實於不顧，以為己身與他者沒有任何的關係。此個別獨存的觀念是一般人常有的。

存有這種觀念的人，以佛教觀點來說名為凡夫或名異生。凡夫異生中有不少認為肉體之身是真我，而醉生夢死，我行我素，一生只被食慾或婬慾之本能所支配。這種人的心態，大師名為異生羝羊心。異生羝羊心者，是狂醉之凡夫，不辨善惡、愚蒙癡暗、無智如羝羊（牡羊）不信因果之謂。凡夫造種種業，感種種果，生出萬種身相，故名異生，以其愚癡無智如羝羊（牡羊）劣弱，故以羝羊喻之。偈云：「凡夫狂醉，不悟我非，但念婬食，如彼羝羊。」

此等人雖然有人之形姿，而其行為不像是人，而像動物般生活而已。此等人從不思考人是什麼，亦從不想去研究它。既然生不是自主要生的，既生了即任其生，從不想生從何處來。死雖可怖，但是都未曾想到去追求解脫，關心死後往何所去。祇營營日夕，囚於衣食之獄，奔逐遠近，墜於名利之坑。不但如此，還如磁石吸鋼，則剛柔（男女）馳逐；又如方諸（月之鏡）招水，則父子相親；父子親親，不知親之為親，夫婦相愛，不覺愛之為愛。因此大師一言喝破，人之愚昧無知，無能反省，終其一生，只過着動物性的本能的生活而已。

一般人始終囚於此等本能的慾望，為物慾之滿足而毫無忌憚地排擠他人，構陷他人。人畜相吞、強弱相噉。如大師所言，敢為弱肉強食之修羅鬥爭，徒耽酒色、醉於享樂。而不覺因果之可怖，此即常人之一般心態。

若人能自覺此全一真我，是以此宇宙之一切事物為自己之活動內容，而能夠活現於全一的話，他就不會處處被物慾所使役，徒增煩惱成為可憐凡夫。而會湧起無限愛的救濟之心，使用種種方便法門去攝化迷者。以本能慾望為始終的愚癡無智者，如羝羊一樣的異生凡夫，被悟者悲願誘導，而終於得到救度。這就是教起之基礎，即是教起因由也。

教化此等凡夫異生，開始即要他們「自覺真我」，了知一切為自己內容去「活現全一」。這等人確實無法接受，也無法理解。因此為度化此等人的導引方法，就是教導他們彼此相親、相扶相助。令他諸惡莫作，眾善奉行、積聚功德等。「諸惡莫作」，即所謂告知什麼是不可為之具體表示。佛說五戒，教人不殺生靈；人若不與，勿盜；非夫妻不婬；非為救他、勿妄語；不飲酒等。此與儒家之仁、義、禮、智、信等相同。

「眾善奉行」者，「善」的取捨、奉行的程度，其過程深奧，常人到底無法接納了解。所以教人視自己之力，量力施為，儘量去實踐勵行，令人滿足歡喜即能召來人們的尊敬。如此從近及遠，由易入難去引導才成。

以此方法去引導，無論是多麼頑劣者，終令發善心。因為人性本善也，人本來即具有道德心與宗教心的素質。由於善心被喚醒，逐漸發芽，此一念善心雖微，亦會生起行善之念，這大師名之為「愚童持齋心」。

愚童與羝羊一樣，即宗教心尚未完全發露之凡夫總稱。「持齋」是任自己本能驅使，向外遊蕩之心，忽然生反省之念，自願謹慎遠離奢侈節食，以過清廉少欲的生活。

此等以本能生活為中心的頑劣人們，由於善知識之教誨為緣，生起此持齋之心，將節餘之物質施贈他人，即名「愚童持齋心」。此「心」是生起小分之利他心或同情心之謂

也。這點大師有説:「由外緣忽思節食,施心萌動如穀之遇緣。」此自節食至施與善心萌發之過程,在《大日經》裡比喻如草木之成長。以種子、芽、苞、葉、敷花、結實之六心來表示之。喻持齋節食為種子心;其節餘物質先供父母親戚為芽心;再施及非識者為苞心;以此施予器量高德者為葉心;又以歡喜心供與尊宿之人為敷花心;以親愛心供與尊宿者為結實心。大師又示云「愚童少解貪瞋毒,忽然思惟持齋美,種子內薰發善心,芽苞相續結華實。」善心萌發而廣敬尊宿。因恭敬供養尊宿,自然聞知佛之尊貴而信仰之。從而皈依佛所説之教法,再發心皈依説法之僧。遂成為佛教之信仰者,皈依佛、法、僧三寶。

三皈依之信念堅定後,自然信受佛所説法之尊嚴,接受五戒,信任此為之「真實」、「絕對」者,而必遵奉實修。此五戒與仁、義、禮、智、信五常相同,單以世間道來看,似乎僅止於人與人之間的關係,而與

超越人際關係的宗教或密教毫無關聯，但是若人對於密教精神有了覺知；透過對密教精神的領會，予以淨化、融會，人道之五戒、五常當體即是密教精神之具體化了。

依密教精神而言，大師曾說：「或人、或鬼、畜之法門，皆秘密佛乘也。」大師教示，除人類之道德規範五常、五戒外，就連餓鬼之教法、畜生之法門，無一不是秘密佛教之內容。

若人能把一切所有化為自己之內容，使一切活現、伸展，把密教精神如實地去活現，則萬物無一不具價值，任何教法無一不是其當位法身佛之方便說法，因此不可以隨意誹謗、輕視才成。

善無畏三藏說：「秘密藏中的一切方便，皆是佛之方便法；因此，毀一一法，即是謗一切法，乃至世間治生、產業、藝術等，無不具有正理，故應隨順佛所說法，不得謗之」。

人一生無論活得再美好再長命，若與天地之悠久相比較，則僅如朝生夕死之蜉蝣一樣。因此，人憧憬能與天地同壽，得享無盡快樂。應此憧憬而以「生天」為目標之生天教，亦因此應運而生。

依印度人的思想，以慾望為中心的生活世界為欲界，此界有六天名為六欲天；比六欲天更殊勝而具有勝妙形體的是色界、無色界之四天等。此三界二十八天成為上、下二界而存在，順其因行之高、低、勝、劣而往生其處。又如中國人尋求長生不死之仙道，以煉丹等之服食仙藥，或運周天等養生法，希求長生成仙能吸霞駕雲與天地同久。這不外是一種自私的生天思想，密教以此為生天教，但到現在尚未見有成萬歲不死之人。

這等人都認為世界充滿痛苦、醜惡又多障，強烈地厭棄這個世界，祇有天上是清淨美妙，沒有煩惱和痛苦。因此，其追求之目標從下界漸次生於天界，得受天上之妙樂。

希求「生天」，其動機只是以肉體為中心追求自我快樂而已，尚未有超越對立迷妄世界的思想；因此，無論生於何天，都祇是精神淨化之感受世界罷了，所以不管怎樣地去積聚種種善根，最高得感生非想非非想天，當業力盡後還墮惡趣，恰如箭射虛空，力盡還落地一般。

這等人之心境，弘法大師之《十住心論》名之為「嬰童無畏心」。嬰童無畏心者，大師說：「外道厭凡希天之心；上生非想，下住仙宮。假如生天得身量八萬由旬，壽命八萬劫，厭下界如瘡瘀，見人間如蜉蝣，其光明能壓日月，福報能超輪王。但比起大聖『佛』卻顯得卑微愚曚，全似嬰兒，因少分解脫縛厄，故無畏也；未得涅槃（悟），故如嬰童。」四句偈云：「外道生天，暫得蘇息，如彼嬰兒，犢子隨母。」

以正純密教來看，一般被稱為外道之婆羅門教等，立自在天或梵天或毘鈕天等神。

信者皈依隨順之，由修十善戒行，以為死後能生此天，享無上感受。以此為依存者，恰如嬰兒隨母一樣也能得到無畏，但此仍尚幼稚。如基督教立世界創造之神，若人信仰祂，沐其恩寵就能得救，死後得生天國。此完全與印度的生天思想類同。

信仰唯一之世界創造神者，受其恩寵得生天享樂的思想，則有墜入常見之嫌。相比之下，其實以人世間為中心而生活的思想，確具有較殊勝的一面。因為此種生天享樂的思想，連佛所說之緣起中道都不能達到，況乎「全一世界的活現」之密教精神呢？

於此種生天思想稍加巧妙地導引：與其是期待不確定之來世生天，何不如將此現生的世界努力建設成自他俱樂的天界或佛國，此即是密教之特色。換言之，密教並不排斥此生天思想，而是予以活用、善導、伸展、擴大。

凡天地間存在之一事一物，都是在各自的立場，發揮其獨特的意義與功能，而並不是全然無價值。因天生其物必有用，無用之物在世間是不會存在的，只看是否能適材適用而已。

為救濟醉心於生天思想的人，是要以其生天思想為基準，而予以活現，其引導之處，即是密教之「本領」所在，為此說明密教之化儀即「或願生天、或人道、龍、夜叉、乾達婆、乃至生摩睺羅伽而說其法」。

正純密教所說之「佛」並非一般所言歷史上之「佛」，而是超越一切對立，以所有一切為自己之內容活現於無限之「大日如來」。故為應其自己內容的一類人們之啟示，非其當物就是說法不可；從此觀點來看，所說生天教者，即是應某時代某人之要求，無限之大日如來應某人之口所示現啟示的了。

而此啟示的當時，皆具有密教精神的活現，每一方法每一方便無不活潑應機。但由於時間的遷流，時代背景的疊變，不知不覺間繪聲付影，變成固定化、形式化了，因而失去其原精神，完全遠離了密教之宗旨。此事大師在《秘藏寶鑰》中以問答體來敘述：「問：『若然，此等外道生天之所作皆佛所説否？』答：『原來皆佛説，但無始以來展轉相承間，失其本旨。如以為牛吃草素食或狗嗅糞，死後即生於天，人們即以為似牛吃草、狗嗅糞，就是生天之修行法門一樣的錯誤觀念。』更進一步問：『若果此乃是佛説，何故不直即説自家教法，而説此生天教法。』答：『因為要契當時眾生之機根故，無論如何之教法，若不相應契其機根，即無任何利益。』」

以如此善巧之方便，去活現一切，照育一切、導化一切。於密教，大日如來即為欲生天之人，示現諸天鬼神之身，依真言道說諸天鬼神真言。而其真言，從其文之表面看，彼普世天之真言如：「為攝化成為世之照明的八部眾，應八部眾之種種趣，示現化身。」亦不過示其旨趣而已。但將其真言的一一字義加以深深掘下，其味裡便有直即契入正純密教精神的組織存在。

生天教是大日如來為利益眾生而說的；以此為緣，將之導入密教之門，體認「真我」之實相，終可以具現全一的無限生活。《大日經》云：「屬於世間之天的真言法教之道，是為利益諸有情故，勤勇者，即佛其時說也。」又云：「若諸天世間，真言法教道，如是勤勇者，為利眾生故。」

第十四日談
正純密教判教之「二乘教」

只圖謀「長生」、「恣欲享樂」修種種因行，而生於天上，此決不是永遠之道。天上之樂果報若盡終須再墮惡趣，所以不能解脫輪迴流轉。乃因因於以自己為中心之假我中，為物我所繫縛之故也。知此，自然會生起解脫此物我羈絆的意念，由迷界解脫轉向永遠不失的「悟之道」。應此而現者，即所謂「佛教」，佛教之初門名「聲聞乘」。

聲聞乘者，聽聞佛陀音聲說法，依此修行而證阿羅漢果。依如來之聲教，覺悟世間之一事一物，皆如流水一般，生滅無常。天地間所存在之物，無一常恆不變。自我亦念念遷流轉變，昨日之我非今日之我，瞬間自我之形體亦在變異。而呈現同一之相，乃如旋火輪，又如水流一點一滴變異，相續不絕，而成為河流或瀑布一樣。**使其相續不斷者名「業力」，亦可以說是習慣力。**

依此業力，故色（物質）、受、想、行、識（心之四作用）的五蘊才能統攝相續，而現出自我影像。悟此如幻影之自我真相的境地，大師曰：「**唯蘊無我心**」。若說明之「法有故唯蘊，遮人故無我，簡持為義故唯。」又以偈頌示曰：「唯解法有，人我皆遮。」

唯五蘊之法存在，但五蘊之法不過是一時之集合，基於「我體不存在的體驗」去超越解脫自我為中心之一切迷昧，即是「聲聞乘」。而因何將此虛無之我體，誤認為常恆不變之獨存體呢？此乃所謂業力、習慣力使然，由此故招來種種之迷昧苦果，因而不能明宇宙之真相。為明白此迷的原因，說明從迷到解脫之方法，佛才強調了苦、集、滅、道之四種觀法，以此為四聖諦或云四諦。其中之「苦、集」是迷界之果與因，「滅、道」即悟之果與因。

此迷之世界的一切現實，皆是苦海，是淚之谷。此中雖有歡樂，但終是悲苦，所謂活着祇是苦源而已。其苦之形成（苦諦）因何

而來呢？此乃以無常為常，無我為我，不淨為淨、不樂為樂之顛倒惡見，或迷妄情意為根本，積集了（集諦）種種惡業的結果。

那麼如何才能脫離此迷妄的世界，除滅一切苦痛呢？此即以正見、正思惟、正語、正業、正精進、正念、正定、正命之八正道，及修其他種種之道品（道諦）。依此去斷除苦因的惡見、迷妄，而達到理想的目標（滅諦）涅槃常樂之境地。

聲聞乘人唯恐未能將諸惑完全斷除，還殘留業惑之煩惱種子；唯恐其殘存之種子復甦再長出迷芽，故只想徹底斷除其業煩惱之種子，使不再迷惑者，便稱為辟支佛，即獨覺也。

獨覺者，依十二因緣或觀飛花落葉為因緣，得獨悟自解脫，故又名因緣覺或緣覺。緣覺是徹底斷除苦果之業及煩惱種子的人，故大師稱此境地為「**拔業因種心**」。業是惡

業、因是十二因緣、種子是無明種子。業煩惱等開之為十二因緣，故「拔業因種」者不外是拔除煩惱原因的無明種子而已。換言之，若果是無明為因，那麼拔除其無明種子，就能自己悟證，其他煩惱之株杌即不必再考慮了，這心曰「拔業因種心」。**大師以四句偈示之：「修身十二，拔無明種，業生已除，無言得果。」**

緣覺乘與聲聞，並列為聲緣二乘，或二乘。此二乘皆是不能兼善他人的獨善君子，止於高逸隱士。若和大悲行願之菩薩來比，其心狹小，完全是個獨善主義者。

若以密教精神之活現一切、伸展一切的立場來看，此聲、緣二乘，若要發揮秘密之真實相，即成為進入秘密體驗之門。善無畏三藏曾説：「隨入一法門，皆具一切法界門。」大師也云：「與此法佛一體，萬德之一也。不知此義者深可哀愍，故胎藏曼荼羅置有聲聞緣覺，誠有深意在。」無論何門都是普門之一門，無論什麼心都是萬德之一德。

第十五日談
正純密教判教之「三乘教」

聲聞乘、緣覺乘、和菩薩乘，合為三乘。聲緣二乘上之所以施設菩薩乘，乃是自淨自調的專心行者，依其宗教心之發展，**不能滿足其自度之獨善主義，進而生救濟度他思想，所謂上求菩提，下化眾生的菩薩境地。**

將五蘊法予以徹底檢討探究時，即能認其存在乃是心之因素，離此心外，別無一物。因此，**世界所存在之一切眾生，畢竟是自心之投影，不外是自心的內容。所以要自淨其心，必須對自心內容之眾生先予以救濟方成。**由此去盡度一切眾生，導至圓成實性之悟境。大師稱此為「**他緣大乘心**」，緣及法界之有情故曰「他緣」，兼聲（聞）、獨（覺）之羊、鹿（二乘）故名「大」，運自他於圓性故名「乘」。

依大師所説，在宗教之教判上，以一切諸法為心之影像，而強調其相狀之思想，即相當於法相宗。此運自他於圓成（圓成實性）之悟境，乃是大乘佛教之通有性，並非限於法相宗。比起自度自調之聲、緣二乘，羊、鹿二車來説，他緣大乘即當為牛車之喻，因為是大乘佛教之初門，故名也。

此與法相大乘等位進展之「他緣大乘心」境地，**弘法大師以四句偈來表示：「無緣起悲，大悲初發，幻影觀心，唯識遮境。」**因觀天地間存在之所有一切萬物，無一不是心之幻影，唯有識心，除識心外沒有任何境界，能加以遮遣之。心外本無別體可緣，所謂他之眾生，只是心之內容與自心同體故。為淨自心、悟自心，無論如何非先予救濟他之眾生不可，因此始萌起了大悲心。換言之，外境之一切加以美化，自心看來就是美，一切眾生得度無苦，自心就是得度無苦。唯認心識猶如攝影機，外境若美，所攝之影片亦美。

以宇宙一切現象，為自心之投影，為究明其自心內容之進展。聲、緣二乘只立六識，此法相大乘，即立八識，依過去作業之印象，收藏在第八識阿賴耶識中的善惡種子，經現在之經驗作業，給予熏習刺激，能更新未來之業果現行。所以此阿賴耶識，既為收藏過去吾等之一切經驗，又為吾等現在經驗的一切萬象之創造開展的基本。我們眼前所感受實存的萬有，其實就是此阿賴耶識之展開，不過是心的現象，一切的一切，不外是此阿賴耶識的作用，這種見解，一般稱之為「阿賴耶緣起」或「唯識緣起」。

此阿賴耶識均是每人各個具有，其收藏的內容各別不同，所以其展開之世界，亦別立成不同的世界。而且各個世界互相無礙融合，恰如各人所共見的同一世界般。有共同的看法者，即是各人有其共通的業力使然，亦是共業之因緣力；共業之因緣力中，也有各人特殊之業力。換言之，亦即有

不共業存在其中；猶如萬人共賞一幅名畫，各人所見之感受必然不能一致。

為統一綜合此各個之阿賴耶識，法相大乘立了「真如」。但此「真如」僅止於一切阿賴耶識，或宇宙一切萬物所依，成為萬法發現之根源，無論如何總脫不出阿賴耶識。因為「真如」是萬法所依，或萬法本體，而且是常恆不變的靜之物；以為此靜之物不能生不同性質轉變無常的動之一切物（真如凝然不作一法）。

不被將宇宙一切事物加以否定而只肯定識心存在的法相大乘所拘，在其上加諸批判檢視，研究其識心是否獨一存在，結果發現：雖言唯心，但也不出所謂因緣生，也是空之境域，即是三論大乘。若法相大乘以「心有境空」為立場，此三論大乘即以「心、境俱空」為其特質了。

三論大乘以心、境俱空之見地為其立足點，不論言心、言境，皆是因緣生，故因緣若散，一切都歸之於滅盡，不能認之為實有。但現存之森羅萬象，亦不可以空無視之，更不以有或以無來論定一切諸法，而以超越有無的中道，為諸法之實相。

諸法之實相為真如，隨緣為有，本無一切現象（真如隨緣而成萬物）。此處雖言現象空無，但其根本之真如實相卻常住，因此稱強調現象相狀之法相大乘為相宗；以究明「真如法性」為主旨之三論大乘為性宗。

不被有無現象所拘，安住於真如當體的境地者，弘法大師稱為「覺心不生心」。《大日經》云：「心主自在，而覺自心本不生。」基於此曰本不生者，兼指不生、不滅、不斷、不常、不一、不異、不去、不來等，而三論家學此八不，以為究竟中道。

此「覺心不生心」者，即覺此心之不生、不滅、不斷、不常、不一、不異、不去、不來。**故弘法大師又用四句偈説：「八不絕戲，一念觀空，心源空寂，無相安樂」。**此八不正觀者，乃是去除生、滅、斷、常、一、異、去、來之八迷戲論的正觀。

因為凡夫常以生、滅、斷、常之對立來看一切物，以若不是生就是滅來決定一切。但是事物的真相是絕對待的，不可以認為是超越生或滅，乃至去或來對待之物，而是要離了所謂生、滅、斷、常等有所得之迷見，去體認不生、不滅、不斷、不常的無所得之中道，才能不被一切有無之見所縛，而得到心之自在。故善無畏三藏云：「有無不滯故，心無罣礙，所為妙業，隨意成就，故心主自在」。

如此強調有無不滯，無所得中道之三論大乘，決不否定因緣所生之現象。此生、滅、斷、常之因緣生之法，直即以超越有無之真如實相去把握，就是「覺心不生心」之三論大乘。

三論與法相雖同是三乘教，但由覺心主自在的觀點來看，三論大乘實比法相大乘較為殊勝。但其表現過於消極，忙於拂除心外之塵，有未積極地去開顯自心妙有之嫌。

因為「教藥」應病而設，隨應其病，藥才能發揮功能。法相大乘或三論大乘，對於與其相應的人們，乃是無上之良藥，至上之教法也。可是沈滯於當位，固執己見自認為最勝，忘卻向上進取之處，就可能有幻滅之慮了。

此處如依活現一切的密教見地，予以警策、
淨化，攝入於密教的光明裡加以融會，此
等之法相及三論，即無一不是密教，無一
非是大日如來為導引某一類人之所宣示之
秘密法門。如是，法相大乘即是主宰大日
如來之大慈三昧的彌勒菩薩之法門；三論
大乘即表示大日如來之大空三昧的文殊菩
薩之法門。

第十六日談
正純密教判教之「一乘教與秘密教」

此處所謂一乘教者，即指法華一乘與華嚴一乘。弘法大師在《十住心論》如此說：「此為一道無為心（法華一乘）、極無自性心（華嚴一乘）。」在已成立之宗派上，即相當於天台宗與華嚴宗。

先從相當於天台宗之位的「一道無為心」之立場來說，即天地間存在之一事一物，其內面均藏有本來法爾之無限性，一一皆是絕對的、究竟的。

今先將事、法分開來說：世界表面所現的形相，其裡面存在之「性分」、「性相」具有的「法體」；與從其法體所出之「力」「用」，從其力用所成立之「作業」；及招致此世界之果的「親因」與「助緣」；和依此等所生之「果」與「報」等之九種如是。加上此九種如是之本末諸相本具之究竟之理的究竟如是，即成十如是，即十種實相。

凡天地間存在之萬物，無一不具此事、理、十種如是。此事理的一切世界，總攝為三種世間；即從構成物心要素看的「五蘊（色、受、想、行、識）世間」，依此五蘊而構成「國土世間」、「眾生世間」三種。別開此三種世間，即地獄、餓鬼、畜生、修羅、人、天、聲聞、緣覺、菩薩、佛之十世界。

此等之事、理、個、與全，是相涉相即，各個相融相具。故十法界各具十界，成為百界；百界之各個各具十如是，而成千如是；其千如是，又各分三種世間，故曰三千。以此三千數目，在相當於「一道無為心」之天台宗，表示出圓融無礙之宇宙一切實相。

此三千諸法之實相為何？若從超越對立、思慮分別上來說，即是「空」；若以一時存在之現象來看，即是「假」；在超越有無的絕對上言，即是「中」。言空、言假、言中，祇是一體的三面觀而已；言空，即一切空；言假，即一切假；言中，即一切中。此三諦

理之空、假、中，互融無礙，即為圓融之三諦。

空、假、中之三諦，具有的三千諸法，各個無礙涉入，呈現全一之相，此當相，真實如常，故云真如，又云「一道無為」。此全一如常之真如，本來清淨，同時，是一切行動之「道」，而離諸造作的絕對無為，故稱之。

此「一道無為」是體驗圓融無礙之真如的住心，故名「一道無為心」。弘法大師以四句偈示云：「一如本淨，境智具融，知此心性，號曰遮那。」體驗此事理不二、物（境）心（智）一如之當體的本來清淨之心性，《法華經》所謂常寂光土之毘盧遮那境地，即當於一道無為心之位，亦即天台宗一乘教之立場。

依大師說，此相當於天台一乘教之「一道無為心」，另有「如實知自心」、「空性無境心」，二種異名。因為此住心以空、假、中之圓融三諦為基本故，於空諦上，名「空性

無境心」；於假諦上，即名「如實知自心」；於中諦上言，即「一道無為心」。這不過是於三千、三諦之妙理、妙境，分由三方面來表示而已。

以此三千、三諦之妙理而言，一切有情，甚至草木、國土，無一不具佛之本性，一色一香無非中道，宣揚此妙旨之基本經典，即所謂《妙法蓮華經》。

日蓮上人以為三千、三諦之妙旨，即在《妙法蓮華經》之經題上。以此經題，當體即為本佛之姿，以此為所觀之本尊，在唱經題之能觀之行，與其「能觀」、「所觀」、「一如」上，成立妙戒，以此為三大密法，以專念為基本而開創「日蓮宗」。

日蓮宗，在其實修方面，無論如何地發揮，不外亦是基於三千、三諦之天台教義而已。若與法相、三論之三乘教法比較，當然有其勝境的一面，這是不可否認的。**但比起**

華嚴一乘，其視現有事物為靜止之點，尚有未把握到動的活現姿態之嫌。

把世界存在之一事一物具有之三千妙理，視為靜止的法華一乘教義，即為「性具法門」。以此為動的當體活現，來把握的華嚴一乘，即為「性起法門」。此性起法門稱為華嚴一乘，在大師之住心建立上，名為「極無自性心」。

靜的性具法門之法華一乘，何以會進展至動的法，本之於華嚴一乘，原來是以為一切物皆各具有三千妙理，而究竟圓滿。故「上無佛可成，下無眾生可度」。而沈滯於性具實相境地時，承蒙十方諸佛之警覺開示，逐漸覺醒。原來以為究竟至極之性其實相，亦覺到其實不是至極究竟，因此生向上探討之心。

善無畏三藏云：「行者，初觀空性時，一切法皆覺入心實相；下，不見眾生可度；上，

不見諸佛可求。其時萬行休止以為究竟，若住此即退墮二乘，不得進上菩薩，名法愛生，又名無記心。然依菩提心之勢力，及如來之加持力，又能發起悲願。其時，千方諸佛同時現前，而勸喻之，以蒙佛教授之偈，即轉生**極無自性心**。」弘法大師以四句偈示云：「**水無自性、遇風即波；法界非極，蒙警忽進。**」

但強調性起的華嚴宗以全一之真如、當體之動，轉成為天地萬有。天地萬物，即常在變化流動，瞬間沒有固定而不靜止。因為，一切事物沒有固定之自性，此主張即「極無自性心」，此即「極無自性」、「至極無自性」等義。

善無畏三藏又説：「觀一切染淨諸法，無不是從緣生；若緣生即無自性，若無自性即本不生，本不生即心實際，心實際即又不可得也，故極無自性心生」當此。

依此性起法門，宇宙存在之一事一物，不祇是空間的橫之構造性互相交涉而已，時間的縱之構造性關係也都在一瞬、一刻間，活現於不可須臾分離之全一關係中。故舉一即一切為其背景而附屬之，而言一切即非各個孤立，都是不可須臾分離的一體。所謂一即一切，一切即一之關係，同時，貫三世而逐漸發展流動。現在之一瞬，荷負過去之一切，孕育未來之一切；而活現於無限。

此一塵一法之中具全宇宙，各個各自建立自己之世界，彼此交涉關聯。恰如帝網重重，各寶珠互相以自己之內容而交映互照無盡。其過去之一切，未來之一切，現在之一切同時具足圓滿無缺，逐次緣起也，此為事事無礙，亦名法界緣起。

強調此事事無礙、法界緣起者，以宇宙一切為動態去觀察，亦止於得到「智性」之滿足，於「情意」上都峻別因果。直把現在世

界看成凡夫因地之所見而斥之，而把果人之世界實相，視為完全斷絕因人視聽為不可得、不可說之境地，將此生、佛、因、果加以峻別，加以隔執為二，實違反理想與現實，故便能把握宇宙真相的活現去實現行動。

鑑此缺陷，把握了其全一之宇宙實相，當體為法身佛。於宗教心上，以一事一物為聖的東西去侍奉，由各個立場去充實莊嚴法身佛之內容者，即正純密教之特質也。

從相對立場來看，人、天、聲聞、緣覺等之九種法門，九種住心，都是由淺入深轉妙者，但終結是入秘密之基本，乃致法華一乘亦是入秘密乘過程之性具法門，華嚴一乘則為入秘密乘過性起法門，都是開秘密庫而拂開外塵的前行法門。若依此入於秘密法門，通過這秘密體驗之光明，廣照一切宇宙間存在之物，無一不是秘密莊嚴世界之內容。

第十七日談
秘密莊嚴心

世間的一切，無論多麼地矛盾對立，亦決非只是相互爭鬥的一面。要知道「全一」之身體，是通過各各個體來顯現的。因此，對於其個體本身有關的感覺特別敏銳而切實，所以容易被其愛執所困，才會發生排擠他人，嫉視他人，惹出種種爭鬥的事情。然而，「全一」真我的本質，其實決非如此的。

「全一」真我之姿，乃是一切萬物互持互涉、彼此關聯，由一切力之結晶綜合，才能活現。

人們以為自己舉手投足，似乎與其他人無關，其實這也是「全一」之身體的動作。吾人生於世間，似乎與其他人沒有什麼關係，事實不然。吾人來自父母、祖父母乃至祖先；又日常之衣食住，乃致教育及娛樂等，無一不是來自社會。所以，吾人是在縱自祖先，橫遍社會的交織中活着。如果只是一味地排擠他人、嫉視他人，處處與人爭

鬥，不容他人的存在，那麼自己一個人如何能活下去呢？所以吾人是決無法離開「全一」內容的，而必須與「全一」中的一切相互支持依賴。

世間之一切物，無一不含藏於「全一」真我的胎內，並由「全一」真我的溫血、脈動流通而活現着。真我不斷地通過各個細胞，擴大充實其內容，次第吸取新的經驗。無論任何失敗挫折，仍能不斷地發揮其功能，充實自己的全一內容。所以不論啼、笑、悲、嘆、嫉視、排擠、爭鬥等，無一不是「全一」真我的莊嚴，此密教曰「秘密莊嚴」。

所謂「秘密」者，是因為一般人迷惑於個體對立，而不能見得真我當體之「全一」姿態，且對於萬紫千紅的「全一」莊嚴實相，覺得神秘而莫測，不能當體理會故。

不論人們知或不知這種道理，均在「全一」真我中，以所有一切為自己「全一」的內容而莊嚴之，常恆不斷地向前邁進。

真我之當體，具足一切、包容一切、活現一切、養育一切。常恆不斷地向長遠的彼端大行進，處處呈現新的相貌，於行進中觸及種種的緣，應境而千變萬化，永無止境。這個「全一」當體的洪流，恰如江河流水，遇陡峭亂石，就變成嚙岩湍流；遇到廣闊平坦的地形，就成為洋洋大河；到低窪處就成為深淵；在斷崖變飛泉瀑布。這是大行進之雄健步伐，也是歷史的足跡。

這「全一」真我當相應境觸緣，次第充實其種種內容而顯現。這在《大日經》裡稱為「三無盡莊嚴」，是從身、語、意等三方面去觀察的。無論高聳入雲之嵩嶽，荒野中的一草一木，一切森羅萬象，無一不是「全一」當體真我之姿；潺潺水聲，松風竹籟，天地間所有一切聲音，無不是妙一音言說；又《大日經》〈住心品〉中說的「人心」、「河心」、「狗心」、「貓心」、「嵐心」等六十心，天地萬有一事一物寓寄一切之心，無一不是「全一」真我當體之心的展開者。

如能達觀所有一切物，皆為真我之內容，而安住於此，即大師所謂：「**秘密莊嚴心**」。「**秘密莊嚴心」就是究竟覺知自心底源，如實證悟自身之數量**。此處言自身、自心者，都是指「全一」真我的身心。這「真我」不論從「色身」或「精神」上來看，都是具足無量無數的。悟此無量無數的「真我」身心之一切，就是體證了秘密莊嚴世界。所以又說：「**如斯究竟知身心，此即證秘密莊嚴之住處。**」

如此，所有一切每一個體都是「全一」真我之活現。其「全一」之真我當體，必然通過個體而榮生之，當處便具有至大的妙用。但是「全一真我當體的活現」與「一切的個體只依全一之事物而生存活現」二者間，其異同必須要清楚明白。若一切個體只依全一之事而生存活現，當處就會陷於宿命論的邪見中。如果人之一切行為，得靠外在的力量才能活動起來，那麼個體的一切就只有任由他物的擺佈，甚至連哭、笑都無法

自由，一切都是命運使然，個人的努力與個性的發揮，都將徒然無功了。

可是**真我當體的全一，是通過個體而活現的。因為通過個體「全一」才能活現，所以個體之使命是極其重要的，非各自努力奮發去活現其「全一」不可。**如同肉體中之每個細胞都有溫血在流通着一樣，天地間之所有一切，一一都是脈動着「全一」之力。這種徧宇宙全一之力，加以集約凝縮之，就是各個體之個性。

因此，天地間所有一切千差萬別的個體，由各自之立場，以「全一」真我其背景，代表全一，而建立各自特殊的自由世界。若非這樣，是不能實現「自性」之內容的。這於正純密教謂：「各個自建立，各個守自性。」所以這個世界的一事一物都各自建立了獨特的世界。無論多麼類似的事物，在特質上是絕不會相同的。然迥然不同的事物，也以各不相同的立場，共同地活現於全一

真我當體中。又「全一」的內容中，也是由內容之一切以各自不同的立場，來充實活現而完成其莊嚴之使命。

以草木為例，如櫻花或梅花，無論怎樣地美麗，活現於全一。其美亦只限於櫻是櫻、梅是梅，各自固守着其獨有特殊之世界，決不逾越侵犯了他花之絕對性。一色一花都是一物一職，依各個的立場完成自己所負的使命。依各個所負之使命，去充實莊嚴真我之內容。**善無畏三藏云：「秘密莊嚴，不可思議，未曾有！」**

不論啼、笑、悲、嘆、嫉視、排擠、爭鬥等，無一不是「全一」真我的莊嚴，此密教曰「秘密莊嚴」。

第十八日談
秘密莊嚴「絕對之價值」

凡世間存在的一事一物，都站在各自的立場，為完成自己所負的使命，而具體展現「全一」真我當體的內容。**個人在群體中，即使不能積極為國家社會作直接顯著的貢獻，他的存在及其所作所為，也有為他人引作榜樣或讓他人引以為戒的地方。人如此，事物亦同，所以世間存在的任何人、事、物都有其存在的意義與價值。**

雖然每一事物各有其存在的價值，但其價值卻因其所處的時、地不同而有所差別。如花朵般，其際遇因機緣的不同而有異，有的被人摘取放置在客廳或雅房的瓶子裡，供人欣賞，為人所喜愛；有的生於山野谷間，無人造訪，一生自生自滅。**人的際遇價值也是如此，因機緣，有的成為輝煌人物，有的乏人重用終身默默無聞。**

然而，不論為人知或不知，生於世間上的所有一切事物，都是相輔相成，是構成「全一」真我當體內容的細胞。每個個體都盡責地發揮其絕對至上之意義與價值。如建造一棟房子，構成房子要素的如棟樑、支位、沙土、基石、細砂等不論其大小輕重，凡是為房子要素者，**無一不在發揮其作用，無一不在各自完成其全一的、絕對至上的意義與價值。**

而「全一」真我當體是活潑、不斷地更新與充實其內容，不停地前進流動；如川流，時而起漩渦，呈現逆相一樣。「全一」真我當體之內容時而會顯現逆相或呈現被殘留之相，發生其價值的稀薄，因而失去其存在價值的也有。

因此，為整備「全一」真我的內容，讓其構成分子之一事一物，各得其所，所謂因材適用，即賦予人們各種智識，做為「全一」真我活現的依據。

「全一」真我的內容，其在天地間是無量無數的。然如微生物、植物、動物、礦物等，僅具有「勢力」或「活力」的作用而已，並無整備或安排其內容的能力。**唯有人類，具有這種天賦，有反省、批判、分析等能力及展現這些能力所必備的智識。這智識就是「全一」真我為整備與安排自己的內容而創造展開的。**好像嬰兒的發育一樣，為了統制與安排身體中的各細胞，必須先發達其本身的神經系統或腦細胞一樣。**若此天賦的智識能加以正視、活用，就能安排天地間所有萬物使其各得其所，發揮其價值，展示各個之寶貴功能。然能否完全發揮各個的寶貴功用，端視其智識能力如何而定。**

此種安排萬物讓其適材適所之智慧能力，就是宇宙神秘之鍵，即正純密教所謂「密號名字」也。弘法大師說：「**若能明了密號名字，深開莊嚴秘藏時，地獄天堂，皆是自心佛之名字也，何有取捨者也。**」如斯所有一切物無非即是自心佛之內容寶貴之名字。

然吾人活用此智識，卻未能同契於「全一」真我之當體。反而在個我的本位上將其歪曲，偏執個我的局部，盲目無知地惡用着。一點也不知道應該要正當去**活用此天賦之智識，以整備充實「全一」真我當體之內容才是最有價值的**。人人為了維護個我的權力、地位、金錢，不知天賦智識的價值，把它當做取得這些利益的工具，而加以濫用，以致人或物都完全不得其所且盲目地活着。俗言：「物不得其平則鳴，草木無聲，風吹即鳴。」所以一切人或物不得其所，其當處當然會勃發不平或不滿，也就不能發揮各個之才能顯揚其價值了。這樣子，有如入寶山不識寶，空手嘆貧；入於秘密莊嚴的寶庫，均自閉其眼不見其寶的所在一樣。

人若能拂開遮蔽個我之迷執雲霧，公正地活用其天賦之智識，使能各得其所，一事一物無不發揮其無限之價值。若如此，則到處就都充滿了無盡的財寶而受用不盡，大師有云：「褰霧見光無盡寶，自他受用日猶新。」

天地間受用之事物，無一不具足圓滿。為了充實此「全一」真我之內容，任何事物都將自然地供給着。**假如於某時某地缺乏某些物質，當即會發現有另一些代用品。若人能夠發現活用的智識，則到處都有受用不盡的寶藏。**

雖然天地間所有一切千差萬別，但這些都是「全一」真我之生的內容。他們彼此間互持互攝而活現着，所以其中之某事物，如果有所缺陷，就會有他物來支持幫助使之生存。恰如人體某局部負傷，身體各部之細胞就會直接、間接地予以支援補救，令其痊癒，這就是身體自身自然的治療。

由此可知，一切的自生之力與依生之力，原來是一樣的。所以為自利而用他之財寶所達成的自己之完全活現，亦即是依他之一切至上價值的活現。

世間無一物能孤立獨存，一切都被包圍在自己周遭的環境中，依他一切的恩惠而生存。所以舉凡「我的財富」、「我的地位」、「我的權勢」無一不是他緣所成就所賜，決非只是自己努力的結果。**所以成就決非屬於自己所有，它是屬於天下公有，不得專為自己享受而自私濫用，要用之於社會大眾的公益上。更要為社會、國家、人類等，積極去莊嚴「全一」真我的內容。亦即是公正活用天下的財富，發揮其財寶的完整價值。**

要知道，一切物悉住於絕對價值的世界中，故不可有「自己是無用的人或自己是沒有價值的凡夫」的自卑心理，要認同自體乃是「全一」真我的構成內容，是內容中的寶貴分子，是「全一」真我當體，是法身佛，是絕對至上價值的當體。密教有言：「若起一念，我即是凡夫，即同謗三世佛」。所以吾人要徹底體認自己之至高無上價值，同時也要實現自己所負的使命才成。

在正純密教之秘密莊嚴體驗中，一切物悉住於絕對價值的世界中，故不可有「自己是無用的人或自己是沒有價值的凡夫」的自卑心理，要認同自體乃是「全一」真我的構成內容，是內容中的寶貴分子，是「全一」真我當體，是法身佛，是絕對至上價值的當體。正純密教有言：「若起一念，我即是凡夫，即同謗三世佛」。

至於如何契入秘密莊嚴心，我們下週開始進入正純密教的實修介紹。

《真言宗三十日談》，雖然只是正純密教之「歷史、教義、判教、實修、即身成佛義」之濃縮整理。這樣的精華選輯，對於今天佛教各宗思想都知道一些的誠意學佛人，自有其現代意義！

大概了解實修重點，絕對有利了解教義的！始終正純密教之教義、實修、判教、所證

（即身成佛）是一體的，絕對不可只取其一而忽略其他部分的。

《大日經》和《金剛頂經》所成立的正純密教之內容深密秘奧，不但直示佛之內證體驗而已，在其表現方式或灌頂等之秘密化儀軌上，也與眾特別不同。

佛教中亦有種種教派，各各教法之內容確千差萬別。具體的對其各各之教派予以檢討，對其一一的教派是否具有正純密教之立場或特質在裡邊，並加以分別論述檢查，即是弘法大師的《十住心論》了。

「十住心」展示了由淺入深，秘密體驗之住心。把安心分為十種而展開者，即此「十住心」。而同時一貫此者，即《大日經》之「如實知自心」也，亦即所謂如何去「體認知見全一之真我」。

第十九日談
正純密教修法真面目之「弘法大師之示範」

怎樣才是正純密教修法的真面目？且看弘
法大師現身「説」法。

弘法大師以身去體驗惠果直傳之密法，通
一生入而心住禪觀、出而成為社會民眾，
專心於濟世利民事業。大師既然以身去體
驗密法，但決不安於小成，修煉而加修練，
不曾怠於修練。

正純密教是即於有限而生於無限，與永劫
所流之大生命體合一，體得其至大至剛之
力，以其體得之神秘力去拂除所有一切之
災厄，增進福利，大作佛事，繼而能成即身
成佛之妙果。

所以弘法大師恆及平城、嵯峨、淳和、仁明
四朝，為國家築壇修法及至五十一度，**此
看來似乎為國家之安泰或為民眾之榮福的**

世俗願望達成，但他是即世俗而超世俗，由超世俗而生世俗之處，才有其本來真面目面在。

所謂不囚於個個之對立以脫卻迷妄，能開發心眼，內外一體，生於物心一如之實相之處，亦即具有宗教之立場，即身成佛之本懷。因而弘法大師到處強調即俗而真之旨趣，以現世之物慾祈禱而即之，宣揚心融合於永劫之世界的加持妙諦。

今舉大師為國修法之一二事例考之，先在弘仁元年十月於高雄山寺修仁王經大法，此雖基於藤原仲麻呂尚侍藥子之兵亂，鎮靜世情之動播，而見其表白文云「**近安四海，遠求菩提**」，又云「**空海雖得師授，未能練行，伏望奉為國家率諸弟子等於高雄山門，從來月一日起首，至於法力之成就，且是教，且是修**」。這樣地專心一意修法練行，即世間而祈出世間之悉地成就。

其次弘仁七年十月八日起恆及一週間，於高雄山門為祈嵯峨天皇之御惱平癒，盡至誠而修護摩法，當此結願之日，以弟子之沙彌真朗為使，獻加持水一瓶請添藥石，上表請其御用。**此不排藥石及此至誠念力之結晶的加持水之並用的表奏上，可以見到大師之宗教的物心一如立場。**

更在大師之御生涯中，奉勅的修法中特別重視者，即宮中後七日之御修法也。其由來考之，大師之當時於宮中每年正月八日起七日間講讚《金光明最勝王經》，所謂宮中已經開了御齋會之時，大師慨歎此乃徒馳於空理空論，不得事理一如之法益，大師即奏狀云「今奉講之《最勝王經》是只讀其文，空讀其義而已，未曾依法畫像結壇修行，雖聞演說甘露之義，恐欠嘗醍醐之味」等以表文力說，其終於結實，成宮中恆例，修此「後七日御修法」的舉行。

依此見之可知，弘法大師之修法不墮空理一邊，構壇，整香花，以具體的事作中能見到其貫妙趣之躍動，所謂事理一體並修之處，可以見到大師修法之真髓。

立於如斯之見地，大師即自以深深地掘下心底，與其奧底所流的永劫之生命體合一，自成貫天地至大至剛之力，靈化支配外界，強調秘密瑜伽之法。或為陛下之御惱的平癒祈禱，或於神泉苑祈雨，或天下大疫之除滅祈求等或多之奉勅修法服務。此內心所持之體驗之力伸出於外，生於一如，以所有一切物為自己之內容，而導一切化一切。

其為庶民教育而創立綜藝種智院，其「一切為自己」之信念而不捨所有一切並予以攝取包容，同時將其立場——生之育之，如其學校課程亦以當時存在的百科學藝教之。「三世之如來兼學成大覺，十方之賢聖總通證遍知，尚未以一味為美膳不以片音而知

妙曲。」弘法大師於教育事業上所作的功蹟是偉大的，不但如此為人、為世、舖路、開山、架橋、搜溫泉、特為築造滿濃池如是大工事之敢為，令幾多草民慕念。**一身奉獻於十方法界的奉仕業蹟，確實放了千古不磨之光。**

無論什麼都依修法而將自力的體驗伸於外，去充實莊嚴全一真我之內容，常以身度人之時，對於事理兼修的圓滿上，以灌頂或祈禱或法會而通過這些儀式來攝取，為此而集聚之人們於不知不覺中培養信念沐於法悅，無任何之苦惱，各各得到安慰，互相成為真善美的雰圍氣下，自然協同融和，各各能夠生於真我者也。

弘法大師以身去體驗惠果直傳之密法，通一生入而心住禪觀、出而成為社會民眾，專心於濟世利民事業。這是正純密教實修之「即於有限而生於無限，與永劫所流之大生命體合一」之最佳示範。

正純密教之實修，在於「體得其至大至剛之力，以其體得之神秘力大作佛事，去拂除所有一切之災厄，增進福利，繼而成就「即身成佛」之妙果。

第二十日談
正純密教修法真面目之「內外兩方面」

於正純密教的立場來説，所謂修練，就是修得密教精神，予以堅實牢固之。又將密教精神加以涵養、育成，具體化地表現在事事物物上而言的。

要修得涵養密教精神，依人、依境遇、依時代其方法都不同。故必須依時境安排，選擇適應自己之工夫才成。常有人言某種工夫最高最好，此乃是因其人的角度而言的。藥不應病不愈，法不適道難成也。

正純密教經軌上所示的種種修法，即是證道者（佛）自己實修體驗，而修練之人都證其為有效所學出來的。所以於正純密教修行的人們，可以由導師指示，特別選擇適應自己的法，實修此法，以此為基本去適應時境才行。

修養（修得涵養）密教精神是人生之大事，所以沒有畢業的止境。不斷地以一切為資料去修練，予以具體化，所以世間到處都是修養的道場。

而這修養，一方面修得密教精神，且堅實之；一方面將之具體化地表現出來。因此，其修法亦隨之分為靜的與動的，亦即是內的、外的之二方面。

其內的或云靜的修法，即一般所謂的「坐禪」。端身正坐，制御五感，調整呼吸，相應正純密教精神之真佛或真我：心專注一境，坐臥不忘，亦即瑜伽止觀之方法；於密教則圖繪造作種種佛、菩薩像或曼荼羅等，來觀想思念的觀佛法；又以月輪「阿」字等標幟為象徵，以明示其實相之觀法；進而有種種念佛法、供養法、護摩法等，無一不是靜的修法。

反之外的或動的修法者，所修得之正純密教精神將之表現於一事一物之上。於日常之行事中，乃至於灑掃應對等，俱都與之相應，活現密教精神，予以具體化。弘法大師讚揚惠果和尚之行蹟云：「於眠、於醒覺，不離觀智。以此共朝日而驚長眠，與春雷共拔久蟄。」而露其消息者也。

此二種修法中，「以於一事一物上具體化地表現正純密教精神」之動的修法為最理想。但若無從「充分把握正純密教精神之堅實行蹟」之靜的修法中，是無法表現正純密教精神，而將之具體化的。但若始終僅止於靜的修法，一點都沒有向外伸展，其悟境再怎麼堅實，亦祇是其個人之悟境而已，不能視為自他一如之修法。此二種修法，即如車之兩輪，鳥之兩翼一樣，相扶相助。由此，才能發揮正純密教精神真正之價值。

無論何種動、靜的修法，吾人身體之責任與意義是極其重大的。身體於正純密教中並非如他教一樣，看做是臭皮囊，而棄之不顧。是以即事而真，當相即道的立場，把身體視為大日如來之內容或其化身，非善加保重不可。身體雖無自性，不是真我，卻是真我的活動機關，為內外界的媒介之物，深深掘下此物而作靜的修養。離開身體是什麼都做不到，任何靜慮或觀想都不能成立。同時欲在行之世界中開展，把正純密教精神具體化地表現出來，除通過此身體而活現外，沒有其他方法。因此，對此身體之制御，或統制是極其重要了。

從某角度來看，身體是盛裝精神之容器，假如其容器的身體不調整，其內容的精神會自然地動轉、散亂，是當然的事。恰如盛水之容器，搖動容器，其中之水即不得平靜。所以為堅實正純密教精神之中心的真我，要如何地把握修養？就必須採用調整呼吸，或抑制五感之坐禪式的修養法。如

果一度因此種修養法，而深深地掘下，觸及其心奧底所流着的大生命體之真我實體，體得了其至大至剛之力於一身。同時，為要將此具體化地表現於外界之一事一物上，無論如何，都需要此真我之機關的身體，才能活現物心一如之世界。

修行者，都是要依動、靜二種方法去自覺覺他的。若認為自己覺悟了，就算大事已畢，而絲毫沒有化他覺他的心理，或實踐的行為，「自覺」之大事決無法圓滿。因為自他是一體故，即使僅有一人亦要化他覺他，才能充實完成自覺，所以自覺覺他是同時並駕實修的。不空三藏之《菩提心論》云：「勝義心若配於此自覺修養者，其行願心即完全相當於覺他之修養。」

此自覺伸及覺他，覺他伸及自覺，由於此相即相入的關係，始得成為完美之修證。但與其說是完成或成就本然之自己，寧願說是如實地開展發現真我，能夠逐次成就

自己創造之聖業。此真我者決非固定之物，是常恆地創造生成之生命體，是時時刻刻都活現於無限之真我當體。

把握了真我之當體與之融會合體，一瞬一刻不斷地活現於無限時空，即是密教之「開悟」，亦即是「成佛」。而此「成佛」亦決非固定之物，是常恆創造生成進展的。因此，「成佛」是永遠未完成不究竟的，但從一瞬一刻地充實活現於絕對無限之立場看，當時當處即是完成是究竟了。所以包容了完成與未完成之對立，活現一剎那於永遠者，即是真的我，真佛了。

把握此真佛表現於一事一物上，而將之具體化者乃是動、靜二種修證。同時以實行此者的立場言：單獨一人可以修行，多數人的集團亦可以修行。自修可以鼓勵他人同修，自他兩利，亦即自覺能覺他了。

正純密教之二種修法，就是：

「於一事一物上具體化地表現正純密教精神」
之動的修法；和

「充分把握正純密教精神之堅實行蹟」之靜
的修法。

此二種修法，即如車之兩輪，鳥之兩翼一
樣，相扶相助。由此，才能發揮正純密教精
神真正之價值。

第二十一日談
正純密教修法真面目之「神秘直觀方法」

密教修練最重要目的，就是如實把握正純密教精神中心的全一真我當體，而真我是超越對立存在的時空，不斷地活現一切、創造一切之絕對者。所以用普通的方法是無法去體認理會的。

一般之認識論者，都將「真我當體」看成與事物時空對，將其抽象化或各別化，把其和他物比較或對照。這不外是相對性地、局部性地、分析性地明瞭其形體或性質，僅於其事物的表皮面上，外在的、靜的、且機械性的當作死物般去觀察而已。這種認識者、永遠無法契入真佛之全一真我當體。

那麼用什麼方法，才能把握體驗此真佛的真正自我之真相呢？這決定要遠離時、空觀念，或能捉、擬捉的感性，或抽象的一切思惟概念，而全一地、一如地處理一切。除

了神秘的直觀方法外，其他方法均無法窺
知真我之姿。

此正純密教之神秘直觀法，名瑜伽或三摩
地法。正純密教乃依之把握到了真我的當
體活現，即體達到全一的宇宙神秘，繼而
通此個體之肉身，實現真我之活動，凡人
當即成佛。故善無畏三藏說：「唯真言法之
中，即身成佛故，說此三摩地法，餘教之中
闕書之。」可見正純密教之瑜伽法或三摩地
法之神秘直觀方法，於形式上而言，雖與
印度之一般宗教乃至左道雜密有共通之處，
但是正純密教力說此法，且強調其「把握全
一真我」之獨特處，乃故其內涵完全與印度
一般宗教乃至左道雜密有着天壤之別。

另外，有一些正純密教以外其他宗教所說
的瑜伽法或三摩地法，是以抑制五感作用，
心集中一境的無念、無想狀態，此乃極其
消極的，僅止於愛樂空寂的方法而已。反
之，**正純密教是積極的而不懼起心動念，**

以正念、善念去抵擋邪念、妄念；於邪念、妄念之消滅上而言，亦可以説為無念、無想。但於正念、善念上言：即是「正念昂揚」，或云「一念堅持」了。

止於無念、無想之愛樂空寂的一般瑜伽法或三摩地法，正純密教稱為「阿娑頗娜迦三摩地」(Āsphānake-samādhi)。即無識身定，或云無動定。**依《金剛頂經》言，釋迦牟尼佛經六年苦行後，終入此阿娑頗娜迦三摩地，但未開真悟，當時蒙受秘密佛之警覺開示，修了「一念堅持」積極的有相觀，始得開悟。**不空三藏説：「漸學大乘，即不止是通途大乘教，小乘教、外道教也都修此阿娑頗娜迦三摩地。其中外道不深，小乘教比較深且以此為究竟。漸學大乘，即為除妄念而入之。但以頓入、頓悟為主旨之密教（正純密教）決不住於此，此定乃至空定，否定一切色塵故也。」

依正純密教的立場而言，一切色塵當體即實相，予以照之活現之，乃正純密教之所以為正純密教的特質。怕染色塵，愛樂空定者，完全不知正智之活用。而此輩為數極多，實感痛惜不已。

善無畏三藏亦說：「初學之人，恐多起心動念，絕其進求，專以無念為究竟。但念有善念與不善念二種，不善念當然要除，善念是正法不可滅也」而誡之。所以正純密教之瑜伽法、三摩地法與一般不同。

正純密教力說「一念堅持」之密教瑜伽、三摩地法，必須事理相應，定慧合致才成。善無畏三藏又說：「隨所作皆與三昧（定）相應。如獻花即花與三昧相應，其中本尊（花菩薩）現前明了。若香、燈、塗香、閼伽水等供養，又香與三昧乃至香水與三昧相應，一一之本尊隨而現前。如斯一一緣中，皆入法界門，皆是善知識，旋轉運用與理相應。」此花、香、燈明等「事」當體視為是生

命之存在,「此全一之宇宙法界也、真佛也。」

依此而觀正念相續,制御其他邪念、妄念,自然住於一念堅持的一境性之三昧。其正念與三昧相應成為觀智,明白地照了對境,現前生起本尊。如信、進、念、定、慧五根五力,念生定,定生慧相同。無論如何,欲以心實置於一念堅持上,其觀境不得以空寂為對境,當以月、蓮花、或金剛杵等有形事物為對境。換言之,與其無相觀,寧可用有相觀為主故也。

此有相觀之形式,於「優婆尼沙土」(Upanisad) 哲學的光明觀,或原始佛教之十徧處觀,極古就有,非是正純密教為肇端。但其內容有雲泥之差,不能一概論視。「優婆尼沙土」哲學,或原始佛教之有相觀,有如催眠術的凝視法。只為集中心於一境之方便,極其素樸,大概適於初機者之前方便。**但依正純密教之事理不二、物心一**

如之見地，卻以其事物當體直即為生命的存在。為全一法身或法界，觀其全一真我之姿態，此處才能潛入深奧的密教學背景。

所謂事、理、心、物，乃是暫時將具體的一如加以抽象地分析考慮而已，不是全現實之具體的真相。真現實者，即事、理、物、心之互相關聯結合之一如實存者也。

不空三藏門下飛錫說此物心一如之旨趣云：「只以心思衣、思食，決不能止飢寒，事物不相應融合之心，何事都不成就。於真言之瑜伽觀，觀心同時不捨因緣事相，六時不廢香華嚴薦，即在此。」

飛錫又以「至人淨心，不以無念、無想為至極，更緣因緣之事相，見其中之法身佛的根據如何？」作問，而不空三藏答曰：「**徧緣六塵、三業，尚起妙願，入佛境界而名一一緣起，悉見不離如來，此是圓見非依眼也。**」

於活生生之動的姿態上，要把握體認真佛
的全一真我之方法，正純密教用瑜伽三摩
地法的直觀，力說於事理不二、物心一如
的見地上，以因緣事相為觀境，即所謂積
極地「一念堅持」。此乃正純密教之特質，
而與一般不同之處。

第二十二日談
正純密教修法真面目之「絕對念誦法」

把秘密莊嚴之法身佛當作種種「法」或「人」來思念、觀想的熱情漸漸旺盛，急欲以言語或身體來表達，這是極自然的現狀。以歷史上之釋尊來說，人們為尊重而皈依，為憶念而稱南無佛，此也是自然之趨勢了。《增一阿含經》說：「稱南無佛，釋師是最勝者也，彼能施安穩，除去諸苦惱」都是說明念誦佛名之理由。因此，當大乘佛教興起，出現了種種菩薩，為禮拜此等菩薩即慫恿了唱稱其尊的名號。結果出現《法華經‧普門品》之「若受持觀自在菩薩之名號，沒入大火，火不能燒，此菩薩之威神力故，若為大水所漂、稱其名號即得淺處」等思想。又《觀無量壽經》也有「十念具足稱南無阿彌陀佛，稱此佛名故，念念之中，除八十億之生死重罪，乃至得往生極樂世界」等等思想。

特別以唱念阿彌陀佛名號，為往生之正因、正行。經唐朝之善導極力鼓吹而非常盛行，其影響所及，日本亦隨之開創了稱名念佛為基調之淨土教。從「念聲是一」之立場來提唱稱名念佛了。

此稱名念佛與真言念誦有點相似。於密教之真言陀羅尼中有「唵。寶生」，或「唵。彌勒」，或「唵。火天」等。此等單只表示佛、菩薩、天等之名號的念誦，皆可以看做是稱名念佛。

又淨土法門之稱名念佛，是念聲互相融合，不思考所念者是什麼意義，而祇連續地去唱念。依此，心自然能統一平靜、離去所有分別、反省之垢穢，浸入一種獨特之神秘感。在此種心理的基礎上，才成立了稱名念佛之法門。真言陀羅尼中，亦有以無義為義的念誦法，這些不外是為要統一心神，體驗一種神秘感的方法而已。**假使真言陀**

羅尼具有意義亦不去解釋，只令反覆口誦，
其結果完全與淨土教之稱名念佛境地相同。
因此，一般顯教中，於真言為五不翻之一。

但是於正純密教之立場，念誦真言陀羅尼
不單是浸入其神秘感為目的，必依此來發
現生命體之法身佛是全一之物。同時顯現
於各個個體之上，不斷地生成各個個體。
無論那個都活現剎那於永遠之境地，正純
密教念誦是為此思念觀想之目的來設的。
因此，正純密教之真言陀羅尼之念誦，與
其說誦持於口，寧願說其重點是念持於心。

正純密教中之念誦法，亦有傳承雜部密教
中的形式。於念誦上也有音聲念誦、聲生
念誦等聲發於外之誦法。又有如修降魔念
誦一樣大聲念誦者。但真正意味着正純密
教獨特念誦法，即如金剛念誦，或蓮花念
誦，或三摩地念誦。雖言是以口念誦，但以
心耳能聞程度為目標，以肉耳聞不到的念
誦法為正。

今依《大日經》中之金剛念誦（或蓮花念誦，或三摩地念誦）為基本之正純密教的獨特念誦法，和「心想念誦」（或「意支念誦」）來概說之。此正純密教獨特之念誦，亦與其法身觀應用於古來之真言念誦上。依此來自由體認得到其法身妙用，亦即要體證此生命體之法身佛。通過一切物而活現一切物，同時亦感通生動於吾人之身心中，經由與法身佛融會合一之處，才能不斷地伸及一切，入浸一切，活現一切。此種旨趣已表示於真言陀羅尼，同時予以思念觀想之。以心耳能聞之程度口誦之，此即所謂心想念誦。

修習心想念誦法時，將法身佛姑且看做是有形的對立，而以形象表示之，且置於行者面前。於對立在行者面前之法身形象和行者之間，為實現互相地交涉感應之不可思議境的念誦為世間念誦，即是對立念誦。不以法身佛為有形的對立，而以行者自身為法身佛當體的全一，除此外宇宙間無一存在，所有存在物即自己法身佛之內容；

將自己住於宇宙全一的法身佛境地，思念真言陀羅尼之實義的念誦，為出世間念誦法，亦即是絕對念誦。

一般雜密或左道雜密所言之「佛、凡」對立之世間念誦者，名對立念誦。

對立念誦是先觀現前有本尊；本尊心上有月輪；觀月輪上有真言字，其字明明了了。觀其色恰如淳淨白乳或明珠透明，一一放光明，次第流注行者頭頂而入，遍及全身淨除無始以來之身心垢障，觀此名為「**字念誦**」。如上述，觀真言字明明了了後，次即觀此真言字字發聲微妙如風振金鈴，微微有聲，點點循環相續無間絕。此徹入身中如涼風除去熱惱，感覺清涼爽快，此即名「**聲念誦**」。其炳現之真言字字集中成句，至已發微妙聲音，其一一聲音集成語句，此即觀真言詮顯實義。此真言語句實義集成完整之一真言，同時其當體即法身佛之全身。恰如一一相好，一一福德集聚而成

的色身佛身形一樣，此真言句之實義集聚即智身，同時亦構成法身佛之全身。具備此形色、聲音與實義之真言觀名「**句念誦**」。修觀此句念誦後，行者再修出入息觀。隨氣息出入以觀真言之一一字句。由行者口所出之一一真言字句，隨氣息入於本尊臍輪至心月輪，右旋列住。同時又由本尊之口出，入於行者頂至於心月輪右旋列住，如此循環綿綿脈脈如水流不斷，此名「**命息念誦**」。

以上字、聲、句、命息四種念誦雖已極深妙，但僅以本尊與行者對立為基本故，故仍只名世間念誦。依此方法而念誦一洛叉即十萬反，三洛叉即三十萬反，五洛叉即五十萬反，十洛叉即百萬反等多數目的反覆念誦。依此能得世間悉地，即除災招福等世間願望，種種滿願成就。

但是實際上，世間悉地之成就否，與行者之精神力，或前生之宿植因緣關係甚大，並非依誦真言之遍數多少而定的。《大日經》〈世、出世持誦品〉言：「真言之數為三洛叉，一般我說此，即是對於離有身之罪完全清淨之真言行者以示念誦之數，非為對他之說。」

善無畏三藏說此意味十萬遍的梵語「洛叉」(laksa)者，應以正純密教之「見」義解釋之：「所謂一洛叉者實乃隱語也，梵音實有別意，即是『一見』之義。心住於此境，一緣不亂，字字相應，句句相應乃至一緣一動無取捨，故名住於一見。如不如此，經百年誦念滿千萬洛叉尚不得成就，況乎一洛叉呢！」於此可見正純密教念誦特殊之處。

超越此世間念誦之能所、對立，自身住於本尊瑜伽，以宇宙遍滿之全一本尊當體，表現於行者全身，具足三十二相、八十種好。口所出之真言實義表現本來不生之全一實相，內外一切諸法，無一不是本不生之實相。自身本尊亦是本來不生實相之當體，這種觀法名「絕對念誦」，又名「出世間念誦」。依此念誦故，假如念誦真言遍數不多，供養資具不全，亦會速成出世間體驗，悉地圓滿成就。

正純密教念誦亦有如稱名念佛一般，可以止散亂心於佛名之上。但是正純密教念誦的目標是統一心神，發出觀智，體認全一之真我為目的。為導入宗教之出世間念誦起見，所謂出世間念誦為基礎，包容攝取了現世利益之種種世間念誦，以其立場，而予以種種意義者也。

大家好好細讀以下這一段。

正純密教真言宗，以真言為門之秘密在「絕對念誦」！願意這樣明明白白地告訴大家絕對念誦的秘密的，古今真的沒有幾人的了啊！大家若然不信，不妨去找找看！

第二十三日談
正純密教修法真面目之「供養的思念修法」

供養梵語名「布惹」(Pūja)，是從有「崇敬」之義的動詞(Pūj)成立的名詞，以「崇敬」為其本義。因崇敬才以香花、飯食、衣服等資具供給佛、菩薩等尊聖，故名「供養」。如有種種物資供給資養聖者，必要有恭敬之念才行。

依釋尊來說，從尊敬此佛的「歸依一念」起，其信者即以衣服、臥具、飲食、醫藥等行四事供養。依此來表達信佛、歸依佛之「誠」心。此如於福田種下善根一樣，能培養未來之無量無邊功德，為此，各信者爭相去行供養的善事。信者不祇以各種供養物運送到佛的住處；信者亦潔淨住居迎請佛到其家中，衷心地供養齋食，這種迎請釋尊供養的風氣很盛行。因此灑掃住宅莊嚴內外，對於奉佛不得不敬之觀念上，顯得非常用心的樣子。

《佛本行集經》等有說：「時其村人，於自家中，其夜，辦具種種美食或甘味。辦具已，翌日旦起掃除地面清淨，香泥塗地，其上重灑妙香水，又散種種雜妙好花敷置床座。即遣使人，往白佛言，如來若知至時節，願赴我家」，可見其情況了。

佛滅後不能親承佛之音容，遂運「誠」供養。為安慰自心，於奉安舍利之塔廟前，供養種種物資，用以表達至誠之皈依。這種塔供養蔚為風氣，大為流行起來。而以後，塔供養之思想漸有改變。如法藏部所說「於窣覩婆作供養業即獲得廣大之果」，以肯定此大為稱揚者不能謂無，但其中亦有制多山部或西山住部或北山住部云「於窣覩婆興供養業不得大果」而否定之。若以形式之作為，不如生起佛之精神，如實去修養佛之教法、體驗、宣揚，即是真正對佛之供養，因之法供養思想就抬頭出來。即如《大般若經》說：「天王當知，欲供養諸佛世尊當修三種法：一、發菩提心。二、護持正法。

三、如教修行。天王當知，若能修學如是
法，乃得名真供養佛。」又《十住毗婆沙論》
說：「若人以香花四事供養佛，不名供養佛；
若能一心不放逸，親近修習聖道，此名恭
敬供養諸佛。」由此可見，法供養思想之興
起。

但於正純密教而言，是以全一真我當體之
動的法身佛為根本，相同的法供養、事物
供養，都與上述所謂法供養，或事物供養
大異其趣。此普通所謂的一花一香，即依
因緣所生的有限之一事一物而已，但正純
密教的立場而言，即何物都予以精神化無
限化，各各都是宇宙之縮寫的一花、一香了。

以正純密教之供養雲海思想來看，因為根
本佛之大日如來恰如太陽，無論正者或不
正者，皆不惜其生命之光，平等地普照哺
育。一花一香無非妙諦，以至微塵之末，都
滲透了其生命之光及其無限的功德。當體
即是無限，都是全一，都是遍法界。以此遍

法界之一花、一香,供養遍法界之法身佛。此供養之事物與被供養之佛,俱是宇宙之絕對體、絕能所之供養雲海。

此遍法界的宇宙全一之法身佛,分開即成為無量無邊之一切如來。遍法界之實相的一花一香,當體即無量無數之香、花供養故,即成無量無數之香、花供具,供養各個遍法界之一切如來了。「我今所獻諸供具,一一諸塵皆實相;實相普遍諸法界,法界即此諸妙供;供養自他四法身,三世普供養常恆,不受而受哀愍受。」五供養偈即此意也。

正純密教是把一事一物無限化、絕對化,以事理一如為當體。故不會專以法供養為真實而否定香、花等事物的供養。於正純密教精神上言,什麼都是真實的、有意義的。所以正純密教供養法,有事供養法,同時也有理供養法。於法身佛供養法裡,則與擬供養歷史上之釋尊一樣,是把「信者迎

請佛到住居來供養」之形式，加以組織而成的供養法。

如正純密教「十八道」所立之供養法，即以偈頌之表現法與「身五，界二，道場二，請三，結三，供養三」等法。其中「身五」者，當迎請佛饗應前，主人先準備潔治自身之五作法。「界二、道場二」者，即施敷特設迎請佛之客座，道場莊嚴等四作法。迎請佛之準備已經就緒，為迎請佛而遣送車輅，請佛乘此至道場，此處有導至道場中之三作法即「請三」。此附著警護，以防不敬漢之侵入之三作法「結三」。正要供養佛之三作法則「供養三」。**就迎請佛而言，其佛不是歷史上之佛，而是法身佛故，不能以人間視以為然的物質饗應看待。是以精神上的去供養十方周遍的佛，所以其作法手結印，口誦真言，這不外是以精神上的觀念去供養。**主人要先潔治自身而手結手印，口誦真言，觀念五分法身，或三部之加持、被如來大誓鎧等去除假我，肉體我之迷執，

自己體認法身生命，衷心地肯定。**以自身肯定之精神去迎請同一體性之法身佛，佛與佛之交際下互相感通之處，才有供養法之修養的成立。**

而迎請佛來饗應之供物，依經軌之不同而有異。但大概都用閼伽、塗香、華鬘、燒香、飯食、燈明等六種。此六種供具依世間一般之意義上來說即：閼伽是用來洗貴賓之足的水；塗香是《智度論》說「天竺國熱，身臭故，以香塗身」之習俗而來；華鬘、燒香或飯食等是令視覺、嗅覺或味覺感怡適者。然以正純密教精神來看，閼伽是洗淨煩惱罪垢；塗香是磨瑩五分法身；華鬘是以萬行之花莊嚴其身；燒香是遍至法界不能阻撓；飯食是極無比味之禪悅食、法喜食；燈明是取如來智光能照遍世間幽暗之深意。以此精神化之六種供具，虔敬供養遍法界之一切如來，由於此種虔敬供養的觀智之凝聚，而超越了個我中心之迷界。存在於天地間之一事一物，悉以全宇宙為背景，

互相地交涉關聯各個地活現於全一。思念
修養這種境地，即是六種供養的思念修法。

印度不祇以此等供物供養而已，外道還有
攝取之以供物投入火中燒，由火神之媒介
傳達於聖者的燒供法，名為護摩法。正純
密教亦有將之淨化、精神化之獨特護摩法，
從外相看來，以物投入火中燃燒，似乎同
於外道之護摩，然此雖和外道形式相同，
但予以正純密教化的護摩之火，即是如來
之智火；爐之全體即如來之身；爐口是如
來之口。如來之身口意，即行者之身口意，
以此三平等觀之實修，而充實正純密教精
神之處，即是正純密教護摩特質的發揮。

由此來看，不論供養是否用火為媒介，於
正純密教，以事理不二、物心一如為立場
故，所捧之一花一香當體即是貫天地之生
命體，供養之供具或所供之佛同時也都是
全一絕對之物。而以心前不立凡境，於佛
與佛的交涉關連之雰圍氣中，互相供養，

其供養境地為修養體驗，乃是正純密教供養法之旨趣也。

一花一香無非妙諦，以至微塵之末，都滲透了全一真我生命之光及其無限的功德，一花、一香當體即是無限，都是全一，都是遍法界。以此遍法界之一花、一香，供養遍法界之法身佛。此供養之事物與被供養之佛，俱是宇宙之絕對體、絕能所之供養雲海。

第二十四日談
正純密教修法真面目之
「以四度加行成就三昧耶戒之精神」

修練正純密教真言秘密之法，為奏其功果即需要其人之體驗與能力，要為具足其體驗與能力集於其身，常要心住神秘一如之境地，把握得其至大至剛之力，實修妙行，真心去練行才成。此以大師而言，大師通一生苦修練行不怠，即在「空海弱冠以至知命，山藪為宅禪默為心」依此可窺見之。同時當以指導弟子之時，如實慧、真雅、真濟等，依少壯時大師親自垂手日夜教養，所謂直對弟子，如其實修練行法，完全都以適合其弟子性情地教誘指導大家都明白的。

但真言教團次第而擴大，外來之弟子亦增多，因此就設了規則，此即廣為使用之「四度加行」。「加行」梵語是「布羅瑜伽」，自古以譯為「方便」，即所謂「加種種方便之功用的練行」。今此所謂「加行」者，即為得傳

法阿闍梨位灌頂而加種種方便之練行之意義。而大師之當時，或去大師不遠的時代，而其於如修練加行都是極其嚴重的，如其「真言傳授作法」之指示，先修「十八道」之行後，才修他之一尊法三摩地，遂而「金剛界」，「胎藏界」，「護摩」。此處所謂的三摩地者即指「金剛頂三摩地軌」所依之一尊法，為修金剛界大法之前行。以此見之此尊賢之當時，未將十八道後直接授予兩部大法是可得推知的。

「四度加行」，即是「十八道、金剛界、胎藏界、護摩」之四行法，此略稱之謂「四度」。是在弘法大師時，以十八道、金剛界、胎藏界、護摩之各「行法次第」之編著，及後各流派之祖師先德各自編其「行法次第」，故隨流派之異，所用之『行法次第』亦異。

無論如何，此四度加行之形式化，即為得到傳法阿闍梨職位之方便行。**四度都是加行，但以四度各各對望時，前前者對後後**

者而言是加行，後後者對前前者而言即正行也。於此對於四度各各分為加行與正行，更於正行中依之開了初行了。對此開初行之動機而言，原來此四度加行是為得到傳法阿闍梨位之方便行以上，應將此以不離一體連續不斷去修的。

四度加行成滿了，就受傳法灌頂，凡有入壇灌頂者，必須先行受「三昧耶戒」，此三昧耶戒者，乃真言行者把握了正純密教之體驗與根本理念，自然所流出之戒法。「三昧耶戒」不言「不可作惡，眾善奉行」等，而亦自然斷惡修善、為濟生利民而為。以「戒」而言，有形式為主之「毘奈耶」，即「律儀」者；與其精神為主之「尸羅」，即「心清涼」或云「心清淨」之戒。正純密教之所謂「三昧耶戒」者，即此尸羅之義，清涼即心清淨之戒體也。

要將此心清淨之秘密體驗掛在自身，依之起初才能登得佛位故，其象徵灌頂等事業

中，必先授此秘密體驗之戒為先決條件也。
當處《守護經》云：「阿闍梨為入壇者先授予
三昧耶戒，以此為先導，然後灌頂之。」

此戒即基於正純密教秘密體驗之戒故，其
秘密體驗為三昧耶，其內容上而言，其為
平等義、本誓義、除障義、驚覺義等。

正純密教秘密體驗於《大日經疏》分為三種
來說明其內容：

- 第一「三昧耶戒」，是法界胎藏三昧，或
  云入佛三昧耶。所有一切物，不論知與
  不知，為法身佛之赤子，包容在宇宙法
  界貫串的法身佛胎內，要體驗此即謂三
  昧耶，若能住此體驗，一切眾生當體不
  外是法身佛，其身語意之三業與法身同
  等的活動就生起了。此乃三昧耶之體驗
  之平等的一面。又住此體驗時，一切眾
  生悉有即佛性故，不久當即佛。以所有
  一切方便悉成為攝化的本誓，又一切眾

生自本是佛而為一念無明所弊而不知
覺故，此即會變成斷除障礙之活動，又
能為沈淪於其無明之睡眼的一切眾生
之驚覺妙用。

- 第二「三昧耶戒」，亦名法界生，自己
  覺知是宇宙法界之生命體的自性，以其
  生命體而自更生者也，人若住此秘密體
  驗，一切所有眾生何人都得知平等地
  更生於佛家。成此更生於佛家之所有一
  切，令其受教養而免於夭折的本誓，為
  生於佛家者除一切障難，覺醒一切本來
  具有金剛薩埵者。

- 第三「三昧耶戒」，為金剛薩埵，或云轉
  法輪。以法界之自性的生命體而更生的
  同時，而自覺體驗自生於永遠的金剛薩
  埵。人若住此秘密體驗，一切國土，一
  切眾生皆悉平等生於永遠，而成就隨類
  攝取一切眾生令其成為金剛薩埵之本
  誓。亦即生於永遠無礙除障之活動。成

為自性睡眠之一切眾生的驚覺鈴，令成
金剛薩埵之轉法輪事業。

此三種「三昧耶」者，即「我即佛也」之徹底
體驗。由此體驗而迸進的行為，即是三昧
耶戒之實現也。

此對立世界即成為三世無礙之絕對世界，
故《大日經》說此謂「三世無礙智戒」云，其
即我人之身語意之三業悉皆奉獻於法身佛，
成為貫宇宙法界之法身佛之身口意三密而
生於無限永遠。《大日經》如是說：「如何為
戒？所謂捨自身奉獻於諸佛菩薩。何以故？
若捨自身，即捨三事。如何為三？曰身語
意也。此之故，族姓之子，受身語意之戒，
得名菩薩。其故如何者，與其身語意離故
也。」。

此「三世無礙智戒」，或云三昧耶戒，又云菩提心戒，此戒常捨劣得勝，為無限志求即身成佛而誓願攝化眾生之行，自以全一真我之法身佛合一而生於無限。

正純密教以三昧耶戒之精神為重，故以其戒授予入壇者，其儀式即依「傳法灌頂三昧耶戒式」而舉行。

四度加行成滿了，就受傳法灌頂，凡有入壇灌頂者，必須先行受「三昧耶戒」，此三昧耶戒者，乃真言行者把握了正純密教之體驗與根本理念，自然所流出之戒法。換言之，此戒即基於正純密教秘密體驗之戒。其秘密體驗為三昧耶，其內容上而言，其為平等義、本誓義、除障義、驚覺義等。正純密教之三昧耶戒法，與一般顯教之宗派、乃至左道雜密，是有天壤之別。

第二十五日談
正純密教《即身成佛義》之
「六大無礙常瑜伽」

正純密教《即身成佛義》八句頌文如下：

六大無礙常瑜伽，四種曼荼各不離，
三密加持速疾顯，重重帝網名即身。
法然具足薩般若，心數心王過剎塵，
各具五智無際智，圓鏡力故實覺智。

六大是什麼呢？即是地、水、火、風、空、
識。以此六大來象徵內證體驗思想，於正
純密教中特別強調。

《大日經》中以五大或六大來象徵表現秘密
內證體驗之境地云：「世尊！譬如虛『空』界
離一切分別、無分別、無無分別，如斯一切
智智亦離一切分別、無分別、無無分別。世
尊！譬如大『地』為一切眾生所依，如斯一
切智智亦為天、人、阿修羅之所依。世尊！

譬如『火』界燒一切之薪無厭足，如斯一切智智亦燒一切無智之薪無所厭足。世尊！譬如『風』界除一切之塵，如斯一切智智亦除去一切諸煩惱之塵。世尊！譬喻『水』界一切眾生依此生歡樂，如斯一切智智亦為諸天，世人利樂。」

此說示譬喻之五大只是自由地列舉與順序沒有關係，但依普通所謂地、水、火、風、空次第來說：以地大為一切萬物所依；水是清涼而去熱惱，賜予一切之歡樂；火燒一切之薪；風除一切塵；空離一切分別，無染無著等。不外以之象徵一切智智之體驗境地。

又《金剛頂經》亦有同義之經文，以說明覺知萬有之真相，其中自然亦含蘊有六大之意義，即是說「萬有之體性真際，不外乎六大，而此六大即具足了種種的德性業用」。所以弘法大師，就取此句，以六大配宇宙萬有之體性，並肯定宇宙萬有之體性當體，即為六大。

於小乘佛教所謂五大，是指物質原素；識大指精神之基本。但正純密教卻不分五大與識大，此等不外都是一切智智之境地的象徵。言五大識大，色（物）與心是不異，其本性完全同一也。弘法大師說：「四大等不離心大，心與色雖異其性同也。」又說：「諸顯教中以四大為非情，密教則說此為如來三昧耶身。」這正純密教之六大與顯教不同，當體即為如來內證之境地。表現一切智智之三昧耶，即不過是象徵其旨趣而已。

若要探討《即身成佛義》中「六大無礙常瑜伽」之根本淵源，則是在《大日經》卷二中「我覺本不生，出過語言道，諸過得解脫，遠離於因緣，知空等虛空」之經句，而於此中配以六大種子真言，以表徵其幽微之意義。其言為：阿、毘、囉、訶、欠、吽。

《大日經》之「本不生」即是「阿」字，配以地大；「出過語言道」，是離言說，為「毘」字，配以水大；「諸過得解脫」，即清淨無垢塵之意，是「囉」字，當於火大；「遠離於因緣」，即是因業不可得，為「訶」字，當配風大；「知空等虛空」，即是「欠」字，為空大；而最初「我覺」二字，即為「吽」字，當配識大。

弘法大師以詮示一切智智內之《大日經》所說偈頌，配於六大時，「我覺」二字配識大。「我覺者，識大也。因位名識，果位名智，智即覺也」。

這「我覺」之境地即一切智智，同時此境地即《金剛頂經》所謂「普賢、金剛薩埵之菩提心之當位也。」故即以金剛薩埵之種子字「吽」字為識大之種字。

瑜伽，即是相應之意。六大恆是無礙而常
應的，故「常瑜伽」三字是足以表現色心不
二的核心力用。僅此三字其重量實有千鈞
之力，並藉以顯示六大甚深的密意，而其
「六大無礙常瑜伽」七字，亦的確是一語揭
破世界萬有之本體與其成立之原則以及其
互依關係的綿延力用而無遺。

總的來説，正純密教説此六大之真意義偈
頌云「六大無礙常瑜伽」，並不是説這原素
的大種之六大互相無礙涉入（外觀雖然涉
入，但內在其性各自獨立而相依為一）。於
正純密教之六大觀，即各各都具如來體驗
之一切智智的境地。其所表現象徵的，地
大即是一切智智之地大；水大即是一切智
智之水大。都是象徵六大各個之內容互相
涉入無礙，沒有離反或背反，常處於調和
相應（瑜伽）之境地。

大家好好去感受以下兩段的秘密：

《大日經》之「本不生」即是「阿」字，配以地大；「出過語言道」，是離言說，為「毘」字，配以水大；「諸過得解脫」，即清淨無垢塵之意，是「囉」字，當於火大；「遠離於因緣」，即是因業不可得，為「訶」字，當配風大；「知空等虛空」，即是「欠」字，為空大；而最初「我覺」二字，即為「吽」字，當配識大。

弘法大師以詮示一切智智內之《大日經》所說偈頌，配於六大時，「我覺」二字配識大。「我覺者，識大也。因位名識，果位名智，智即覺也」。這「我覺」之境地即一切智智，同時此境地即《金剛頂經》所謂「普賢、金剛薩埵之菩提心之當位也。」故即以金剛薩埵之種子字「吽」字為識大之種字。

第二十六日談
正純密教《即身成佛義》之
「四種曼荼各不離」

前之六大是申論宇宙萬有的本體，而此四曼即是引說一切的現象。

一切的現象可分類為四種，而稱之謂四曼，也就是四種曼荼羅，其義如下：

一、 大曼荼羅（大曼）

　　此是由物之色相而名。言大者，則比喻如人體全身之形態為大，又就身體之色相而言，全體為表五大，故而亦名之為大。

二、 三摩耶曼荼羅（三曼）

　　三摩耶是梵語，含平等、本誓、除障、警覺四義。要言之，則是取物之形象而名。

三、 法曼荼羅（法曼）

這是由其名稱而名者。

四、 羯摩曼荼羅（羯曼）

羯摩是梵語，有威儀，專業之義，其標幟則取物之作用而名之者。

以上所述表示一一物中皆有四曼。即色相、形象、名稱和作用的表徵。宇宙萬有，人類、星辰、草木等等，無一不是具足此四曼。

若將宇宙法界，渾然視為一體，而將其中含攝之各各存在的森羅萬象，配合上述之四曼時，則芸芸宇宙之現象界，又可劃分為下述的四種類別：

一切國土有情之生物界，即是大曼荼羅。

一切家屋器具等器物界，即是三摩耶曼荼羅。

一切學術教法等技術理論，即為法曼荼羅。

一切活動創造之事業，即是羯摩曼荼羅。

更進一步的，若將此四曼融攝以正純密教之理趣與宗教的意義時，大曼即是佛、菩薩之相好身，或指其莊嚴形象之彩畫，而其他三曼則為其各自相應的本誓、名稱與羯摩作用之表徵了。

《理趣釋》云：「畫一一菩薩之本形，即成大曼荼羅。」《真言名目》云：「諸尊相好具足之身也。又繪像之佛形五色交錯，故曰大。大者殊勝之義，圓滿之義，即五大之色為大曼荼羅。」四曼中，因此曼荼羅為尊形之表徵，故當總攝其德，涵攝一切萬有之相狀。

三曼就是指佛、菩薩所持之標幟，如手印、刃劍、金剛杵或蓮花等等。蓋三昧耶即如前所說，有本誓之義。佛、菩薩之手印、刀劍等，則是其各自之本誓決心的內涵，所

表露於外部的標示。《理趣釋》說:「若畫本尊聖者所持之標幟,即是三昧耶曼荼羅也。」《秘藏記》亦說:「本尊之執持器杖,即為印契,即表平等之義。此曼荼羅中,攝盡一切器世間之萬物。」

又法曼,就是指真言、佛、菩薩的名號,乃至於一切三藏十二部經文等等。法即是名稱,透過文字以說明或擬義萬物的理則與實相。《理趣釋》說:「於其本位,畫上種字,即名法曼荼羅。」《東聞記》則稱:「達磨此方名法,涵攝諸佛所證之法性真如妙理,而以文字為其體。」

最後,羯曼就是佛菩薩無量無邊、積極不息的救濟活動以及一切其他所推行的羯摩專業,即是諸佛菩薩之種種事業威儀。

《四曼義》總結如下:「大曼荼羅是相好具足身。三昧耶曼荼羅為標幟記號。法曼荼羅即是名稱。羯摩曼荼羅就是威儀。」

此四種曼荼羅互涉不離，故《即身成佛義》云：「四種曼荼羅各不離。」四曼中，三昧耶曼荼羅為顯示內心之本誓，法曼荼羅，即現內心之聲，故共通色心二法。但大曼荼羅與羯摩曼荼羅不但是通色心二法，而且包融三曼與法曼。假使以總別分類之，大曼荼羅為總體，當屬佛部。三昧耶曼荼羅屬金剛部，法曼荼羅即歸蓮華部，皆是別德。唯羯摩曼荼羅即通上三部。但此四曼卻是不離於佛身與眾生身的，故法曼荼羅，具足其他三曼荼羅。

反之亦然。前者為同類不離，後者則屬異類不離。同類不離喻如兵卒卑微之身（法曼），昇進即成大將身（大曼）。異類不離雖稱為卒（法曼），然蘊足含有健壯之身體（大曼）與配齊銃劍（三曼）以及具足威猛之行儀（羯曼）也。

四曼之各各不離有二義，於四曼之互相之間，即大曼與法曼，乃至大曼與羯曼之互

相不離，舉一曼而含其他三曼的整體性，
絕無分離。

此外，所謂異類不離，又有甲之四曼與乙
之四曼不離之義存在。而同類不離，則如
吾人凡夫之四曼，實圓滿具足佛之四曼，
吾人之四曼與諸佛之四曼決非別物，並且
不離，互涉互入，活潑任運。總而言之，正
如《即身成佛義》所説：「如是四種曼茶。其
數無量，一一之量等同虛空。彼此不離，猶
如空光無礙不逆。」

正純密教是由六大之無礙與四曼之不離來
説明即身成佛中所內證之實相界與現象界
各自的內容而盡其理趣。

以此四種來概括所有曼茶羅，不空三藏云：
「以此四種曼茶羅攝盡瑜伽之一切曼茶羅。」
因一切之曼茶羅不外是大日如來之身、語、
意三活動，以全與個的關係所表現。言身、
語、意，當然指的是超越有限對立的「絕對

身語意」。故言身，即一切活動皆是身；言「語」，即一切活動皆是語；言意，即一切活動悉皆是意。這身、語、意三活動，各個都攝盡一切活動無餘，悉皆平等無礙。故云：「如來種種三業，皆是第一實際，境至妙極。身等於語，語等於心，猶如大海遍一切處，鹹味同一也。」

因此，四種曼荼羅不外是「全一」真我當體的絕對活動。用「身」、「語」、「意」與活動當體的四方面來表現象徵。這等相互交涉關聯為一體，不可須臾或離之內容，就由各個自己之立場去統攝表現真我當體的「全一」而無所缺。故弘法大師說此為「四種曼荼各不離」。更說：「如斯之四種曼荼羅，四種智印，其數無量，一一量，等同虛空，彼不離此，此不離彼，猶如空與光無礙而不違一樣。」

第二十七日談
正純密教《即身成佛義》之
「三密加持疾速顯」

三密即身口意三業之密。此三業之互為加持，大體可歸於異類加持和同類加持兩種。

首先，正純密教說異類加持，則指佛的三密與眾生的三密，互相加持，即如來的加被力與眾生自己的功德力合一，再與恆常的法界力相應，使眾生得佛之加持而達佛果者。佛、眾生彼此的加持時，即行者之口誦真言，手結印契、心住三摩地，或念本尊明咒，則行者與佛之三業，即能互為加持，而得不可思議的悉地。口密為不妄語的言語，印契表本尊的本誓，為正當的身體動作，心住三摩地，則無妄念。

若心無妄念，即口無妄語，動作自正。同樣地，任一趨正，餘二皆淨。故一密一業，皆含其他二密二業。三業彼此各自互相加持而交互增進其力用，以至於達到完全圓滿的境界。

若更進一步的將自己的一業、二業、三業來加持他人的一業、二業或三業，由於互相加持的交感作用，自我他人，則同時淨化而達解脫之地。推而廣之，於十方法界一切眾生，則彼此三密互涉互入，精神漸次因上轉下轉的雙迴活動而昇華不已，終究趨於心佛眾生三平等的一真法界之域。

其次，正純密教說同類加持，原指佛佛之間的加持，以增盛涵攝佛佛彼此救濟眾生的活動力。若廣推之，可以看做為如甲之口密與乙之口密的加持，甲因其口密的效用即念誦，激起乙品格精神的昇華，以甲為規範而淨化其心。

正純密教言三密，又分有相三密與無相三密。有相三密為身口意三密。《菩提心論》云：「身密者，手結印契而召請聖眾之謂；語密即是密誦真言而文字句了了分明沒有謬誤；意密即住於相應瑜伽圓滿如白淨月的菩提心。」至於無相三密，即如《大日經疏》

所説:「由一平等身普現一切威儀,如是威儀無非實印。一平等語普現一切聲音,如是聲音無非真言。一平等心普現一切本尊,如是本尊無非三昧。」故舉手投足,皆成密印;開口發聲,悉是真言;念念所作,自成定慧,此即所謂無相三密。

正純密教《即身成佛義》云:「若有真言行人觀察此議,手作印契,口誦真言,心住本尊三摩地,由三密之相應加持,即速獲得大悉地。」能得顯現不可思議的羯摩作用,歸根結蒂,皆因六大無礙,四曼不離;即事而真,當相即道之故。

總的來説,身密攝一切的色法;意密則攝一切的心法;語密攝一切的聲音,而此語密即指色心不二之體。由此三密網羅遍攝一切萬法無量的作用。《真言名目》云,眾生的本覺與諸佛的法流,感應道交,方便相應,即疾速顯眾生身心本有的功德,一念之間,即悟諸法實相,不起於座而成辦

佛的一切專業，是故名曰「三密加持速疾顯」。換句話說，即是諸佛為開顯眾生本有的功德所施行的方便業用。

一切之眾生不外是全一真我當體之活現，是大日如來之身、語、意三活動。各各以全一與個我的關係所表現。正純密教言身、語、意，當然指的是超越有限對立的「絕對身語意」。故言「身」，即一切活動皆是身；言「語」，即一切活動皆是語；言「意」，即一切活動悉皆是意。這身、語、意三活動，各個都攝盡一切活動無餘，悉皆平等無礙。故《即身成佛義》云：「如來種種三業，皆是第一實際，境至妙極。身等於語，語等於心，猶如大海遍一切處，鹹味同一也。」

第二十八日談
正純密教《即身成佛義》之
「重重帝網名即身」

正純密教《即身成佛義》説「三密加持」：諸佛融入我身中，即曰入我；吾身涉入諸佛法身中，即稱我入；入我我入，綿延無盡，重重無量，故諸佛三大阿僧祇劫中所聚的羯磨與功德，悉具我身，是名「加持成佛」。又一切眾生本來自性與我及諸佛的自性，平等了無差別，名「理具成佛」。

《即身成佛義》進一步説「顯得成佛」，為理具成佛、加持成佛之究竟，即身心得自在，徹除不自在的自我束縛，靈化精神而清淨，並油然的生起活潑積極救濟的大活動。圓滿究竟真實之佛，即是此靈化解脫並得大自在之活動者也。

換言之，理具成佛、加持成佛，實際上行者仍在自度自修之行持階段，而「顯得成佛」

則是已經達到自證或成就的極致。由自修自覺而激發大心以行化他的無際活動。

或有人疑，我人的精神昇華，可臻極致，但我人的肉體是否能夠實際的具發不可思議的作用？**若依正純密教的立場來說，它是肯定的，可由精進的修持而達隨意轉化神變自在之境。**正純密教的真言行者，只持一密咒，如誦一光明真言，亦可使身心淨化自在而成佛。唯行者必須具足三密而無間斷的、殷勤的修行。由加持成佛而至顯得成佛的究竟果位，方能心無絲毫罣礙，自在隨緣而應世也。

宇宙存在之一事一物，不祇是空間的橫之構造性互相交涉而已，時間的縱之構造性關係也都在一瞬、一刻間，活現於不可須臾分離之全一關係中。故舉一即一切為其背景而附屬之，而言一切即非各個孤立，都是不可須臾分離的一體。所謂一即一切，一切即一之關係，同時，貫三世而逐漸發

展流動。**現在之一瞬，荷負過去之一切，孕育未來之一切；而活現於無限。此一塵一法之中具全宇宙，各個各自建立自己之世界，彼此交涉關聯。恰如「重重帝網」，各寶珠互相以自己之內容而交映互照無盡。其過去之一切，未來之一切，現在之一切同時具足圓滿無缺，逐次緣起也，此為事事無礙，以宇宙一切為動態去觀察，於宗教心上將「智、情、意」打成一片，把握宇宙真相的活現去實現行動。**

把握了其全一之宇宙實相，當體為法身佛。於宗教心上，以一事一物為聖的東西去侍奉，由各個立場去充實莊嚴法身佛之內容者，即正純密教之「重重帝網名即身」也。

從相對立場來看，人、天、聲聞、緣覺等之九種法門，九種住心，都是由淺入深轉妙者，是最終入秘密莊嚴心之基本，亦是開秘密庫而拂開外塵的前行法門。**正純密教真言行者，是從絕對界的立場投射下去來**

看相對界的，而通過這秘密體驗之光明入於秘密莊嚴法門，廣照一切宇宙間存在之物，無一不是秘密莊嚴世界之內容，當體即是秘密法門之即身成佛之體現者。

正純密教之主張是以「眾生為主、佛為從」的思想體系，認為六道眾生即是佛，其所處之境，即是佛的境界也。迷則是與非皆非，悟則是與非皆是也。悟則凡業即是佛業，除凡業即無佛業，因為當相即道，即事而真也。

由此可見，正純密教之即身成佛義，深奧微妙，非凡情所能蠡測。《大日經疏》云：「密教之即身成佛論，義趣甚深，若因偏差曲解，易陷謬誤，切須誠慎。其即身成佛義之所以難測難知，則恐未來眾生輕視慢法之故。故苟若忽略諮訪善知識，或未能久遠用功，而獲諸佛之三密加持，僅以自己凡情之心，揣摩擬議，或執經文表議而擅自輒取修行，則未有不淪於譏謗此經為非佛說的罪咎者，實宜千萬謹慎也。」

雖然一般大乘佛教在理論上也極力提倡其積極的入世思想，但都徒有聲色而未能實際的付之於積極的活動。**正純密教的人生觀則有異，它從起頭即以積極的入世活動為其前提，以現象即實在為全一真我活現之姿的宗旨，在現象世界的實況活動中，切實的來領悟諸法實在的本性，開展我人的心靈，淨化昇華我人的精神，以達到涵蘊大智大悲的佛的究竟境界，並以小我擴大到大我的積極活潑自由自在的救濟活動，轉娑婆為越量宮。同時盡虛空遍法界，普施一切，使自己、他人、以及過現未的無量無邊眾生同證極樂。**

正純密教說即身成佛的目的，是期望我人能夠認識人類的尊嚴與可貴，以及人生以服務為目的的崇高宗旨創造奮發，由悲觀轉化為樂觀，守望相助，以增進社會人群的福利，發揚正純密教的精神，使人間淨化而幸福。

第二十九日談
正純密教《即身成佛義》之「日常行事之修行」

無論什麼「觀佛」、「觀法」或其他所有的法會儀式等，這些都是已被整理成有一定形式的正純密教修行方法。完整齊備其形式是必要的，但是過於拘泥形式，會使其內容之生命或精神硬化、形骸化，違反本來之修行目的。所以形式之修行，必須充實其精神，是不可或忘的。同時，另一方面，亦需要超越此一定形式，處處流動於日常生活中，去活現正純密教精神修養鍛鍊才成。

於我們日常生活中，早上起床、洗面刷牙，灑掃吃飯，及應物接對等都依本來習性而為，一日復日，於無意識中過生活。為能活現正純密教精神，所有行者必須對日常生活中之行為，予以再反省、檢討，透過此去開啟心眼，才能過有意義的生活。

經反省檢討，一般人可能認為早上起床之洗漱、清掃，或其他萬般事項，去作與否，是自己的自由而與他人沒有什麼關係。但是深思省察之，**能得有今日之所為者，即是所有時間及空間的一切因緣力，縱橫無盡地交織著所致，其結果是一大事因緣所使然。以正純密教的立場來說，即一切都是全一真我當體的法身佛之生命力所賜。全一真我當體是一切之根源、是原動力，我們應該於一切生活中，常感謝這法身大日如來之恩惠，若無全一真我當體的法身佛，我們或一切都無法生存的。**

人們不是為食而生存的，是為生存而食的。那麼為什麼而生存呢？此即是以此肉身為立腳地，去充實全一之真我內容，活現秘密莊嚴之活動為其意義。

為此不可或忘食之目的，所以受用一碗飯食，亦要如「食存五觀」教門：「一、計功多少量彼來處。二、忖己之德行全闕應

供……」等來思念，我們為法身佛之大業的秘密莊嚴活動，加以反省，參與活動所貢獻之功績多小；又思考所供給之一碗米飯，及至一粒米，須經過多少人的血汗，及天地合力的賜予。自己是否具有資格領受？是否有德行的計量與反省；由此，自然會覺醒本心，身心才會得到清淨。

《大日經》所說之「施身方便」，即舉薦淨了身業、口業、意業等一切而奉獻「十方一切如來」。此身、口、意三業，原是綜合代表十方一切諸佛的全一法身佛之「賜物」，我們以為是自己之物，其實是大日法身佛之「寄存物」者。因此，莫將這身、口、意業認為是己有而亂使用，應為奉獻法身佛的秘密莊嚴聖業才能動用的。《大日經》以此為戒行：「何為戒？觀察之，即捨自身奉獻諸佛、菩薩也。何以故？若捨自身即為捨三事，何為三？曰身、口、意也。」

日常行事除此身、口、意外，別無其他了。所謂身、口、意業奉獻諸佛者，即是將日常之行事予以淨化之，再認識之，而在參與法身佛之聖業的精神下去行事活動。為此，首先非從以肉體我為基本的小我見地中脫離不可，從小我之脫落上來說，即是捨身行。於此《金光明經》說：「雪山童子，為聞一句法門，投身餵虎。」《法華經》說：「一切眾生喜見菩薩，為完成誠實之願燒身供佛。」即是去小我完成大我之比喻故事說法。

以上比喻故事中雖言捨身，卻不是徒毀身體的意思，是因從以肉體我為基本的小我見地中脫離而能求得一句法門完成大願，心靈活於永遠之處乃是價值所在。

世人為戀、為財、為名譽，而犧牲身命者實不少，這些決非有意義之捨身真精神的發揮者。這裡所謂捨身行，即是奉獻給全一的生命體之法身佛，而從事聖業的。而此法身佛之表現就是宇宙、國家、社會，吾人

將生命奉獻給國家社會直即就是參與法身佛之聖業。

去除私心捨棄小我，而以積極地活動為重要故，《百丈清規》說：「一日不作，一日不食。」我人為勞動故食，為生故食。如果未盡本來之目的，即使是生或活動皆已無意義了。

參與其聖業的各人，都是從其各自之立場去活動的。這些參與聖業者之中，其活動功蹟有於社會上表面化，令人易見，被大眾稱譽者；亦有完全隱在社會背面，不容易引人注目者。這從以自我為中心之思想立場看來，似乎很不合理，但是從正純密教精神的全一之活現上看是不足介意的。

各國都有為國家而受盡苦難或殉職者，表面上看，這些人雖沒有什麼貢獻，但在活現於全一之意義上，確是可歌可泣的。這些人雖埋於九泉之下，亦同生於法身佛之

永恆的生命中；雖然命終卻了無遺憾。比起貪官污吏來，死得有如泰山般。

人們作事一向都有上品、美麗、好逸、高尚，反之也有不潔、賤業等等心理上的分別。人人都喜歡選擇上品高尚的職業，而儘量遠避賤業。但於參與聖業中就無此觀念，而是要依時依地，因種種因緣關係，不得分別，盡力地去完成工作才行，此即是全一之真我賦予各人之任務使命。

至於灑掃應對之事，於日常行事中，一一將之淨化，無限化。從各方面去活現正純密教精神，為此如實地把握全一之真我。以此肉體為立場，來充實莊嚴自己真我之內容，將剎那剎那活現於無限、永遠。以所謂「我即佛」之見地，去應對見、聞、知、觸之一事一物。要活現正純密教精神，非要如此修養磨練不可。

人們不是為食而生存的，是為生存而食的。
那麼為什麼而生存呢？此即是以此肉身為
立腳地，去充實全一之真我內容，活現秘
密莊嚴之活動為其意義。將剎那剎那活現
於無限、永遠。

第三十日談
正純密教《即身成佛義》之
「正純密教精神之如實把握－教化問題」

我人等之本心是貫天地而流着的；我人之一身都依所有一切為背景前景，全一地活着的。以此宇宙為家，我人要把內外一體、身心一如，如實地加以活現才是正純密教精神。同時把握了此精神，非去教化其他迷者不可的。此迷的他物亦都是真我之內容，拋棄了他們自己一個人要活現真實是不可能的。真正要成就密教精神必須以：「十方含識猶如己身」之同體大悲精神，湧出聖愛，自然會邁進到教化的工作上去。釋尊自己開悟後，衷情而不能默視，費了五十年心血教化眾生即此。

關於教化問題，即以什麼方法來誘導社會民眾才是最有效果的呢？才能令其了解正純密教精神，並使其體認之？如何可使所有一切，相互協同融合，來成就全一的密教精神？

於此，我人來回顧，釋尊或祖師先德們的教化方法，追尋研究釋尊、先德們如何**於**各個立場，成就導化社會民眾？

從釋尊之教化法來看，釋尊是依人、依時、依地而説法，並非對一切的人們都重複説一法的。對於專心修習佛道的人，即説四諦十二因緣等之教理；執着的人説空性法；執空的人説有法。對一般民智低俗的人説世間法，如布施、持戒，並教示「若心清淨正直，即會生於天上享受天福」，鼓吹生天思想。對官界的人，即説盡忠報國思想；最上根智的人，説空有不二、身心不二法。如小兒不吃藥，母親將藥塗於乳頭，小兒於食乳同時，不覺中吃了藥，病就痊癒了。正純密教或世間成就法，都是如此地組織起來的。

如斯應機處變，以種種方便説示，一化五十年所説的法，結集起來者，就是《四阿含經》及其他契經。其中有説非，亦有説有，似乎

矛盾不統一，但這都是應病投藥所說的法。如果矛盾不統一，那即是為度種種人，於不同的立場或境遇，令其成就的教化手段，其中有佛之真精神始終貫通着。

為度化眾生，從各個立場教化成就他們，是極重要的。把握了正純密教精神之概念，倘若沒有儘其可能地成就一切方便智，就沒有辦法實行民眾教化事業。正純密教精神就沒有辦法具現於社會生活上。為此密教根本經典《大日經》即特別強調成就一切的方便智：「以方便為究竟。」

又《大日經》教示了佛自證以後，為開演正純密教精神，以方便法將之分布於一切有情，依種種之職業，種種之性向，應現種種教養，教示了如何教化眾生之真實際。如「若有眾生以佛而得度者即現佛身以度之，或現沙門身或現緣覺身、或菩薩身、或梵天身、或那羅延、毗沙門，乃至摩睺羅伽，人非人等現身度之」以說示之。

於這方面來觀察，正純密教行人依時、依地可以時而說婆羅門教之道；時而言天主教、基督教之法；或禪、淨土；及新興宗教等。無論什麼方便道均「不得忘記把正純密精神發揮傳達」。光輝的智火由布教者之心燃起，傳遞正純密教精神，穿破各個被遮蔽的靈，令其得到光明成就全一。

正純密教之《大日經》建立「十住心」的前九種住心，包容了正純密教住心以前之宗教體驗。在未得到正純密教精神以前，前九種住心與正純密教無關。但是體認到正純密教精神以後，這等住心不外都是體得正純密教精神之前提，無一不是正純密教精神之成就的當體其物。

教化雖說以口說佈教或文書傳道為主要。但於欲真正體得正純密教精神言，即以通過救貧或防貧等社會事業；或以書畫、漢詩、唱歌、音樂等藝術；或茶道、插花、法會等方式去完成，此等均可得到教化功績；

以祈禱或灌頂法會，追善會等儀式，亦能充份發揚傳教。

若以社會福利事業來說，並非那些社會事業當體就是正純密教教化事業，而只是通過這些社會事業，具體地活現正純密教的全一精神的，由此始有正純密教教化事業特質的發揮。

又正純密教不但有精神性的、宗教性的祈禱，還有物欲性的祈禱。上祈國泰，下求民安，為政躬康泰及民眾之息災延命，除難招福，修種種祈禱法。**此即行者入於無念無想一念堅持的狀態下，而與貫天地之大生命力相接觸。於其間感應道交，把握一大神秘之力，發揚種種之靈驗的結果。**若然，加以惡用即會惹起迷信，而毒害社會不淺了。但以成就一切，徹底保握正純密教精神真髓者看，巧妙地活用，對於正純密教教化的施予上言，其效果無有過於此者。所以修真言密法的行者，必須了解正

純密教精神或目的。很多不明此理者，大吹法螺，獨自創設與外道合參，騙人欺己，真是入地獄如矢射，可不慎乎！

其他正純密教教化事業，如結緣灌頂、莊嚴之法會儀式等，在此種目的下盛大地舉行也未嘗不可。為亡靈超薦，通過追善法會普及教化。**無論如何，都要從近處起，依人、依地、依境去表現來充實教化。一個具有充實體證內容，而燃燒正純密教精神者，何時何處都盈溢着教化機會。其具現上，無處不是大光明遍照之地，無一非全一的大日如來法身，到處都是佛君臨之所。**

一個具有真實自內證而燃燒正純密教精神者，時時處處都盈溢着教化機會，其具現上，無處不是大光明遍照之地，無一非全一的大日如來法身，到處都是佛君臨之所，是謂「即身成佛」。

跋一
正純密教並非戲論，鼓勵大家真修實證

正純密教要有真修實證金、胎兩部，才能如實把握其精神，即無上菩提，亦即於正純密教無上精神之如實把握上。

誠如前說，正純密教之無上精神，乃於曼荼羅中全一與個我的關係上來表現象徵的，就是以金、胎兩曼荼羅來說明。金、胎兩曼荼羅都以中央大日如來標幟「法身」全一當體之本體，從其流出所展現的無量無數之眷屬，此等諸尊眷屬為「法身」全一當體的內容，象徵「全一」中之各個細胞體。其「全一」中包容各個細胞體，成為「全一」真我之眼或耳、腦乃至四肢等。由其手足而行動，全靠此等個體器官而生成「全一」的活動。

因此，大日如來的全一開展愈發達，其內容的細胞更加分裂，分化變成各種各樣，而各個相互交涉，各個都以「全一」其物為

背景。由個體之立場，建立自己之世界。經由自己之世界，各個輔翼「全一」，重重無盡而莊嚴地豐富「全一」其物當體。

此全一與個我關係之諸尊集會就是曼荼羅，故善無畏三藏言：「曼荼羅名聚集，今以如來真實功德集在一處，乃至十世界微塵數之差別印，輪圓輻輳，輔翼大日心王。為使一切眾生普門（全一）進趣，故說此名曼荼羅。」

如斯，各個體由自己之立場，輪圓輻輳去輔翼「法身」其物的大日如來。但是其個體之原動力本是「法身」其物所發生。因為以「法身」為根本，這「全一」當體之「全一」，都是通過各個體而一刻一刻地活現於永遠，無限地莊嚴自身。

當然，莊嚴「法身」其物內容之活動是無盡無限的。但是具體地以人間樣式來說，就是身語意三方面的活動，這身語意即是三

無盡藏也。三無盡藏之活動，於「全一」真我當體上，是不被任何物所制肘的自由活動之金剛舞戲。但是其內容，依各個立場分成對立之能化與所化。因對所化之一切眾生，特別強調能化的佛菩薩之活動故也。

《大日經》別序等說：「大日如來常為攝化眾生，而示現種種不同之佛菩薩，應化於各種世界，以不同的『言語』，說種種『法』，開展種種佛意。」善無畏三藏說：「依三業無盡故，若以身度人，即普現種種色身；若以語度人，即由普門（全一）示現種種語言，隨宜示導入佛知見；若以意度人，亦復如是，種種感通無窮無盡。」以此「法身」其物的活動來表現三無盡藏莊嚴，就是自然形象之大曼荼羅、三昧耶事相之三昧耶曼荼羅、種字梵文之法曼荼羅與供養事業的羯磨曼荼羅等四種。亦即身、語、意、一如等四種。以此四種來概括所有曼荼羅，不空三藏云：「以此四種曼荼羅攝盡瑜伽之一切曼荼羅。」

一切之曼荼羅均是此「法身」其物當體。而此不外是大日如來之身、語、意三活動，以全與個的關係所表現。言身、語、意，當然指的是超越有限對立的「絕對身語意」。故言身，即一切活動皆是身；言「語」，即一切活動皆是語；言意，即一切活動悉皆是意。這身、語、意三活動，各個都攝盡一切活動無餘，悉皆平等無礙。故云：「如來種種三業，皆是第一實際，境至妙極。身等於語，語等於心，猶如大海遍一切處，鹹味同一也。」

四種曼荼羅不外是「法身」其物當體的絕對活動，用「身」、「語」、「意」與活動當體的四方面來表現象徵。這等相互交涉關聯為一體，不可須臾或離之內容，就由各各自己之立場去統攝表現「法身」其物的「全一」而無所缺。故大師說此為「四種曼荼各不離」，更說：「如斯之四種曼荼羅，四種智印，其數無量，一一量，等同虛空，彼不離此，此不離彼，猶如空與光無礙而不違一樣。」

跋二
是時候一起體驗了 正純密教「月輪觀」，
鼓勵大家來真修實

月輪觀，是密教禪法。正純密教並不鼓勵我們厭棄生命，反而帶領我們認識、契入、成為「宇宙全一」真我，再在生命中活出光明自在的力量。宇宙存在之一事一物，皆是全一之真我、全一生命體之出現，但親證直感此者，即只在於自己開扉的純淨心上。

《大日經》說：「觀圓明（月輪）淨識（自性清淨心），若纔見者，則名見真勝義諦；若常見者，則入菩薩初地。」此即是月輪觀是淨菩提心之修法。月輪有「離貪慾之垢而清淨，去瞋恚之熱惱而清涼，除愚痴之暗而明朗」的意趣，與淨菩提心相類似，象徵自心無雜之本性。人若妄念垢穢之念頭淨止，心住於至淨之一境，就會感得此真我之真相的大生命脈動。

月輪就是佛所體驗之內容的「純一無雜的心之本性」標幟（三昧耶形）。為什麼非得要用月亮呢？月輪之所以為三昧耶形，是根源於「月輪是光明神聖」的印度傳統思想；在日常生活中，祂的特質所給予我們的感受，與證道者在禪定中的體驗極度契合。

佛在禪定中體得「清、明、涼」的菩提心體驗境界，完全與吾人在生活中所經驗的月輪一致。所以《菩提心論》説以月來譬喻內證體驗，能使人明白「滿月圓明之體，即類似菩提心」。菩提心是離了貪欲之垢而清淨的；且去了瞋恚熱惱而清涼的；除去了愚痴之暗而朗朗的。恰如具有清淨、清涼、光明意義的月輪一樣故也。故真我便是月輪！如《金剛頂經》云：「見我自心形如月輪。」因此，若我們以月輪為主，以此三昧耶形為觀境對象，能如實了解、把握及親身體認佛菩薩之內證體驗，甚至是「即身成佛」了！

證道者將內心躍動具體呈現於外，就成了標幟（三昧耶形）；反之，藉此標幟，我們又能進入其預設了方向之內證體驗。故云：「不背外相，必熟得內證。恰如執筆即思書寫、取樂器而發音、取酒杯思飲酒、取骰子思賭博一樣，取物動心是也。」相反，地上平白的一坏土，並沒有被寄存半分象徵性意義，就肯定不是標幟（三昧耶形），它只是存在着而已。

所以，標幟（三昧耶形），已經超越單純的存在，而是在予以象徵化後，讓我們能由此去體證證道者的內證體驗，從而提升我們的精神層次。而密教用標幟表真理，又是成立於「事理不二」（象徵及意義），「物心一如」（物質及精神）之教義上。即密教所謂「即事而真，當相即道」。若我們能夠徹底了解這標幟（三昧耶）之真義理，並精神化、內化自己，便是通過這一事、一物來把握真理！善無畏三藏説明：「諸行人若放捨諸行，住於無相亦不可；執著於諸行，而住於有相亦不可。」

為觀此淨菩提心之本性，以月輪象徵之並為觀境，即是月輪觀。而此專注於一境，坐臥不忘，便是「瑜伽止觀」之方法。依善無畏三藏之《無畏禪要》說明此月輪觀之要領，即：描如圓明之心月以為本尊，心專注於此月輪。其坐法即正身端坐於本尊之正面，約四尺處；以右掌加置左掌上，仰置於膝上靠近腹處，二拇指相柱；身前後左右三度搖動令不凝滯；目半閉以兩瞳視鼻端，舌抵上腭，腰直以助脈道之流暢；肩舒喉結，足跏趺，坐法已定。次調息，吸氣內心導引流入全身支節筋脈；次觀徐徐由口而出，其色白如雪且潤澤如乳，以呼出之氣充滿遠近。由此而再吸再呼，心置下腹，如是循環調氣，令其不粗，以待身心安靜，然後始觀本尊之月輪。

此法始初，於面前離身一肘或四尺許之處，不高不低處懸掛約一肘（約一尺六寸）量之圓明九輪（以紙描畫之）。將此月輪觀如空中月輪一樣明亮與自身胸中如八寸許之月

輪相融，次將心月輪擴大至四尺、五尺、乃至遍全宇宙。只見光明不見月形，月、心與宇宙成為一體。體驗此明朗無念絕妙的世界之後，再將其全宇宙之心月，次第縮少與原來相同而後出觀，此乃月輪觀法。

徹悟此「清、明、涼」的心之本性，名曰「菩提心（淨悟之心）」。菩提心就是真我，真我便是月輪！

正純密教並非戲論，鼓勵大家細心重看三十日談，並真修實證，不能根據自己的標準來判斷正純密教說的秘密莊嚴心！

有如大家不用討論陽光，它就在這裡。對於真修實證正純密法者，秘密莊嚴心是真實存在，而不是一個戲論、一個信念、一個目標，我們也不是理論上去知道、相信它。正如只有從未見過陽光的瞎子，才需要相信陽光存在一樣！只需真修實證，您就會知道，無須討論！

附 錄 一

悟光大阿闍梨略傳

附錄一

悟光大阿闍梨略傳

悟光上師又號全妙大師，俗姓鄭，台灣省高雄縣人，生於一九一八年十二月五日。生有異稟：臍帶纏頂如懸念珠；降誕不久即能促膝盤坐若入定狀，其與佛有緣，實慧根夙備者也。

師生於虔敬信仰之家庭。幼學時即聰慧過人，並精於美術工藝。及長，因學宮廟建築設計，繼而鑽研丹道經籍，飽覽道書經典數百卷；又習道家煉丹辟穀、養生靜坐之功。其後，遍歷各地，訪師問道，隨船遠至內地、南洋諸邦，行腳所次，雖習得仙宗秘術，然深覺不足以普化濟世，遂由道皈入佛門。

師初於一九五三年二月，剃度皈依，改習禪學，師力慕高遠，志切宏博，雖閱藏數載，遍訪禪師，尤以為未足。

其後專習藏密，閉關修持於大智山（高雄縣六龜鄉），持咒精進不已，澈悟金剛密教真言，感應良多，嘗感悟得飛蝶應集，瀰空蔽日。深體世事擾攘不安，災禍迭增無已，密教普化救世之時機將屆，遂發心廣宏佛法，以救度眾生。

師於閉關靜閱大正藏密教部之時，知有絕傳於中國（指唐武宗之滅佛）之真言宗，已流佈日本達千餘年，外人多不得傳。（因日人將之視若國寶珍秘，自詡歷來遭逢多次兵禍劫難，仍得屹立富強於世，端賴此法，故絕不輕傳外人）。期間台灣頗多高士欲赴日習法，國外亦有慕道趨求者，皆不得其門或未獲其奧而中輟。師愧感國人未能得道傳法利國福民，而使此久已垂絕之珍秘密法流落異域，殊覺歎惋，故發心親

往日本求法，欲得其傳承血脈而歸，遂於一九七一年六月東渡扶桑，逕往真言宗總本山──高野山金剛峰寺。

此山自古即為女禁之地，直至明治維新時始行解禁，然該宗在日本尚屬貴族佛教，非該寺師傳弟子，概不經傳。故師上山求法多次，悉被拒於門外，然師誓願堅定，不得傳承，決不卻步，在此期間，備嘗艱苦，依然修持不輟，時現其琉璃身，受該寺黑目大師之讚賞，並由其協助，始得入寺作旁聽生，因師植基深厚，未幾即准為正式弟子，入於本山門主中院流五十三世傳法宣雄和尚門下。學法期間，修習極其嚴厲，嘗於零下二十度之酷寒，一日修持達十八小時之久。不出一年，修畢一切儀軌，得授「傳法大阿闍梨灌頂」，遂為五十四世傳法人。綜計歷世以來，得此灌頂之外國僧人者，唯師一人矣。

師於一九七二年回台後，遂廣弘佛法，於台南、高雄等地設立道場，傳法佈教，頗收勸善濟世，教化人心之功效。師初習丹道養生，繼修佛門大乘禪密與金剛藏密，今又融入真言東密精髓，益見其佛養之深奧，獨幟一方。一九七八年，因師弘法有功，由大本山金剛峰寺之薦，經日本國家宗教議員大會決議通過，加贈「大僧都」一職，時於台南市舉行布達式，參與人士有各界地方首長，教界耆老，弟子等百餘人，儀式莊嚴崇隆，大眾傳播均相報導。又於一九八三年，再加贈「小僧正」，並賜披紫色衣。

師之為人平易近人，端方可敬，弘法救度，不遺餘力，教法大有興盛之勢。為千秋萬世億兆同胞之福祉，暨匡正世道人心免於危亡之劫難，於高雄縣內門鄉永興村興建真言宗大本山根本道場，作為弘法基地及觀光聖地。師於開山期間，為弘法利生亦奔走各地，先後又於台北、香港二地分別

設立了「光明王寺台北分院」、「光明王寺香港分院」。師自東瀛得法以來，重興密法、創設道場、設立規矩、著書立說、教育弟子等無不兼備。

師之承法直系真言宗中院流五十四世傳法。著有《上帝的選舉》、《禪的講話》等廿多部作品行世。佛教真言宗失傳於中國一千餘年後，大法重返吾國，此功此德，師之力也。

附　錄　二
悟　光　上　師
《一真法句淺說》手稿

附錄二　悟光上師《一真法句淺說》手稿

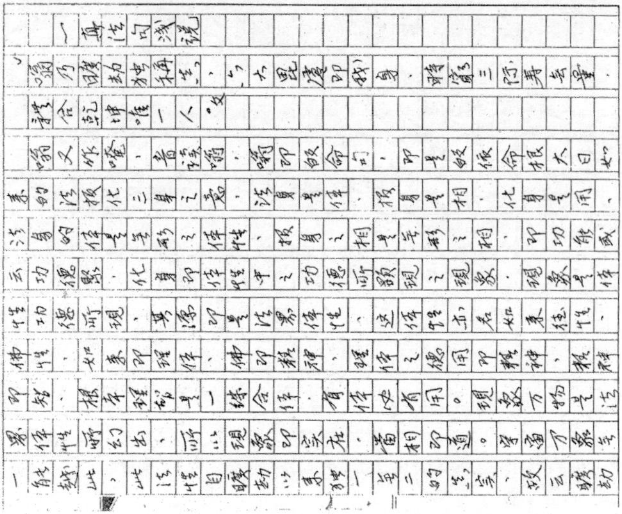
一真法句淺說
嗡乃曠劫獨稱真、六大毘盧即我身、時窮三際壽無量、
體合乾坤唯一人。

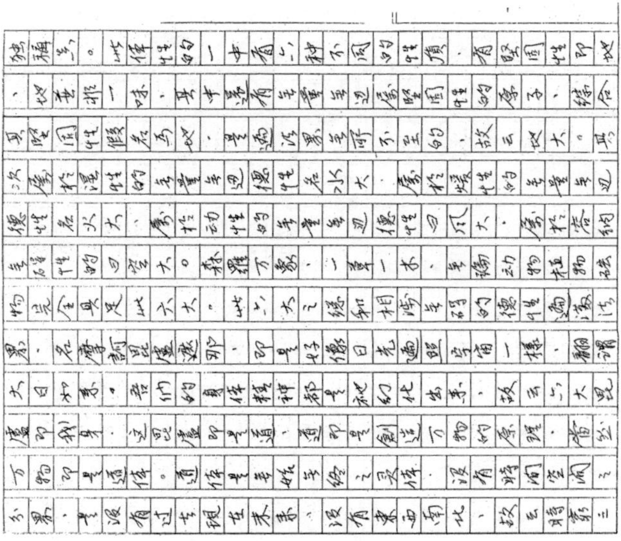

《一真法句淺說》悟光法師著

【全文】

嗡乃曠劫獨稱真，六大毘盧即我身，
時窮三際壽無量，體合乾坤唯一人。
虛空法界我獨步，森羅萬象造化根，
宇宙性命元靈祖，光被十方無故新。
隱顯莫測神最妙，璇轉日月貫古今，
貪瞋煩惱我密號，生殺威權我自興。
六道輪回戲三昧，三界匯納在一心，
魑魅魍魎邪精怪，妄為執著意生身。
喑啞蒙聾殘廢疾，病魔纏縛自迷因，
心生覺了生是佛，心佛未覺佛是生。
罪福本空無自性，原來性空無所憑，
我道一覺超生死，慧光朗照病除根。
阿字門中本不生，吽開不二絕思陳，
五蘊非真業非有，能所俱泯斷主賓。
了知三世一切佛，應觀法界性一真，
一念不生三三昧，我法二空佛印心。
菩薩金剛我眷屬，三緣無住起悲心，
天龍八部隨心所，神通變化攝鬼神。
無限色聲我實相，文賢加持重重身，
聽我法句認諦理，一轉彈指立歸真。

【釋義】

唵乃曠劫獨稱真，六大毘盧即我身，
時窮三際壽無量，體合乾坤唯一人。

唵又作唵，音讀唵，唵即皈命句，即是皈依命根大日如來的法報化三身之意，法身是體，報身是相，化身是用，法身的體是無形之體性，報身之相是無形之相，即功能或云功德聚，化身即體性中之功德所顯現之現象，現象是體性功德所現，其源即是法界體性，這體性亦名如來德性、佛性，如來即理體，佛即精神，理體之德用即精神，精神即智，根本理智是一綜合體，有體必有用。現象萬物是法界體性所幻出，所以現象即實在，當相即道。宇宙萬象無一能越此，此法性自曠劫以來獨一無二的真實，故云曠劫獨稱真。此體性的一中有六種不同的性質，有堅固性即地，地並非一味，其中還有無量無邊屬堅固性的原子，綜合其堅固性假名為地，是遍法界無所不至的，故云地大。其次屬於濕性的無量無邊德性

名水大，屬於煖性的無量無邊德性名火大，屬於動性的無量無邊德性曰風大，屬於容納無礙性的曰空大。森羅萬象，一草一木，無論動物植物礦物完全具足此六大。此六大之總和相涉無礙的德性遍滿法界，名摩訶毘盧遮那，即是好像日光遍照宇宙一樣，翻謂大日如來。吾們的身體精神都是祂幻化出來，故云六大毘盧即我身，這毘盧即是道，道即是創造萬物的原理，當然萬物即是道體。道體是無始無終之靈體，沒有時間空間之分界，是沒有過去現在未來，沒有東西南北，故云時窮三際的無量壽命者，因祂是整個宇宙為身，一切萬物的新陳代謝為命，永遠在創造為祂的事業，祂是孤單的不死人，祂以無量時空為身，沒有與第二者同居，是個絕對孤單的老人，故曰體合乾坤唯一人。

虛空法界我獨步，森羅萬象造化根，
宇宙性命元靈祖，光被十方無故新。

袘在這無量無邊的虛空中自由活動，我是
袘的大我法身位，袘容有無量無邊的六大
體性，袘有無量無邊的心王心所，袘有無
量無邊的萬象種子，袘以蒔種，以各不同
的種子與以滋潤，普照光明，使其現象所
濃縮之種性與以展現成為不同的萬物，用
袘擁有的六大為其物體，用袘擁有的睿智
精神(生其物)令各不同的萬物自由生活，是
袘的大慈大悲之力，袘是萬象的造化之根
源，是宇宙性命的大元靈之祖，萬物生從
何來？即從此來，死從何去？死即歸於彼
處，袘的本身是光，萬物依此光而有，但此
光是窮三際的無量壽光，這光常住而遍照
十方，沒有新舊的差別。凡夫因執於時方，
故有過去現在未來的三際，有東西南北上
下的十方觀念，吾人若住於虛空中，即三
際十方都沒有了。物質在新陳代謝中凡夫
看來有新舊交替，這好像機械的水箱依其

循環，進入來為新，排出去為舊，根本其水都沒有新舊可言。依代謝而有時空，有時空而有壽命長短的觀念，人們因有人法之執，故不能窺其全體，故迷於現象而常沉苦海無有出期。

隱顯莫測神最妙，璇轉日月貫古今，貪瞋煩惱我密號，生殺威權我自興。

毘盧遮那法身如來的作業名羯磨力，祂從其所有的種子注予生命力，使其各類各各需要的成分發揮變成各具的德性呈現各其本誓的形體及色彩、味道，將其遺傳基因寓於種子之中，使其繁愆子孫，這源動力還是元靈祖所賜。故在一期一定的過程後而隱沒，種子由代替前代而再出現，這種推動力完全是大我靈體之羯磨力，凡夫看來的確太神奇了、太微妙了。不但造化萬物，連太空中的日月星宿亦是祂的力量所支配而璿轉不休息，祂這樣施與大慈悲心造宇宙萬象沒有代價，真是父母心，吾們

是祂的子孫，卻不能荷負祂的使命施與大慈悲心，迷途的眾生真是辜負祂老人家的本誓的大不孝之罪。祂的大慈悲心是大貪，眾生負祂的本誓，祂會生氣，這是祂的大瞋，但眾生還在不知不覺的行為中，如有怨嘆，祂都不理而致之，還是賜我們眾生好好地生活著，這是祂的大癡，這貪瞋癡是祂的心理、祂本有的德性，本來具有的、是祂的密號。祂在創造中不斷地成就眾生的成熟。如菓子初生的時只有發育，不到成熟不能食，故未成熟的菓子是苦澀的，到了長大時必須使其成熟故應與以殺氣才能成熟，有生就應有殺，加了殺氣之後成熟了，菓子就掉下來，以世間看來是死，故有生必有死，這種生殺的權柄是祂獨有，萬物皆然，是祂自然興起的，故云生殺威權我自興。祂恐怕其創造落空，不斷地動祂的腦筋使其創造不空成就，這些都是祂為眾生的煩惱。這煩惱還是祂老人家的本誓云密號，本有功德也。

六道輪迴戲三昧，三界匯納在一心，
魑魅魍魎邪精怪，妄為執著意生身。

大我體性的創造中有動物植物礦物，動物
有人類，禽獸，水族，蟲類等具有感情性欲
之類，植物乃草木具有繁衍子孫之類，礦
物即礦物之類。其中人類的各種機能組織
特別靈敏，感情愛欲思考經驗特別發達，
故為萬物之靈長，原始時代大概相安無事
的，到了文明發達就創了禮教，有了禮教
擬將教化使其反璞歸真，創了教條束縛其
不致出規守其本分，卻反造成越規了，這
禮教包括一切之法律，法律並非道之造化
法律，故百密一漏之處在所難免，有的法
律是保護帝王萬世千秋不被他人違背而設
的，不一定對於人類自由思考有幫助，所
以越嚴格越出規，所以古人設禮出有大偽，
人類越文明越不守本分，欲望橫飛要衝出
自由，自由是萬物之特權之性，因此犯了
法律就成犯罪。罪是法沒有自性的，看所
犯之輕重論處，或罰款或勞役或坐牢，期
間屆滿就無罪了。但犯了公約之法律或逃

出法網不被發現，其人必會悔而自責，誓不復犯，那麼此人的心意識就有洗滌潛意識的某程度，此人必定還會死後再生為人，若不知懺悔但心中還常感苦煩，死後一定墮地獄，若犯罪畏罪而逃不敢面對現實，心中恐懼怕人發現，這種心意識死後會墮於畜生道。若人欲望熾盛欲火衝冠，死後必定墮入餓鬼道。若人作善意欲求福報死後會生於天道，人心是不定性的，所以在六道中出歿沒有了時，因為它是凡夫不悟真理才會感受苦境。苦樂感受是三界中事，若果修行悟了道之本體，與道合一入我我入，成為乾坤一人的境界，向下觀此大道即是虛出歿的現象，都是大我的三昧遊戲罷了，能感受所感受的三界都是心，不但三界，十界亦是心，故三界匯納在一心。魑魅魍魎邪精怪是山川木石等孕育天地之靈氣，然後受了動物之精液幻成，受了人之精液即能變為人形，受了猴之精液變猴，其他類推，這種怪物即是魔鬼，它不會因過失而懺悔，任意胡為，它的心是一種執

著意識，以其意而幻形，此名意成身，幻形有三條件，一是幽質，二是念朔材質，三是物質，比如說我們要畫圖，在紙上先想所畫之物，這是幽質，未動筆時紙上先有其形了，其次提起鉛筆繪個形起稿，此即念朔材質，次取來彩色塗上，就變成立體之相，幾可亂真了。

瘖啞蒙聾殘廢疾，病魔纏縛自迷因，心生覺了生是佛，心佛未覺佛是生。

人們自出生時或出生了後，罹了瘖啞、或眼盲、或耳聾或殘廢疾病，都與前生所作的心識有關，過去世做了令人憤怒而被打了咽喉、或眼目、或殘廢、或致了病入膏肓而死，自己還不能懺悔，心中常存怨恨，這種潛意識帶來轉生，其遺傳基因被其破壞，或在胎內或出生後會現其相。前生若能以般若來觀照五蘊皆空，即可洗滌前愆甚至解縛證道，眾生因不解宇宙真理，執著人法故此也。人們的造惡業亦是心，心生執著而不自覺即迷沉苦海，若果了悟此心本

來是佛性，心生迷境而能自覺了，心即回歸本來面目，那個時候迷的眾生就是佛了。這心就是佛，因眾生迷而不覺故佛亦變眾生，是迷悟之一念間，人們應該在心之起念間要反觀自照以免隨波著流。

罪福本空無自性，原來性空無所憑，我道一覺超生死，慧光朗照病除根。

罪是違背公約的代價，福是善行的人間代價，這都是人我之間的現象界之法，在佛性之中都沒有此物，六道輪迴之中的諸心所法是人生舞台的法，人們只迷於舞台之法，未透視演戲之人，戲是假的演員是真的，任你演什麼奸忠角色，對於演員本身是毫不相關的，現象無論怎麼演變，其本來佛性是如如不動的，所以世間之罪福無自性，原來其性本空，沒有什麼法可憑依。戲劇中之盛衰生死貧富根本與佛性的演員都沒有一回事。《法華經》中的〈譬喻品〉有長者子的寓意故事，有位長者之子本來是無量財富，因出去玩耍被其他的孩子帶走，

以致迷失不知回家，成為流浪兒，到了長
大還不知其家，亦不認得其父母，父母還
是思念，但迷兒流浪了終於受傭於其家為
奴，雙方都不知是父子關係，有一天來了
一位和尚，是有神通的大德，對其父子說
你們原來是父子，那個時候當場互為相認，
即時回復父子關係，子就可以繼承父親的
財產了。未知之前其子還是貧窮的，了知
之後就成富家兒了，故喻迷沉生死苦海的
眾生若能被了悟的大德指導，一覺大我之
道就超生死迷境了。了生死是瞭解生死之
法本來迷境，這了悟就是智慧，智慧之光
朗照，即業力的幻化迷境就消失，病魔之
根就根除了。

阿字門中本不生，吽開不二絕思陳，
五蘊非真業非有，能所俱泯斷主賓。
阿字門即是涅盤體，是不生不滅的佛性本
體，了知諸法自性本空沒有實體，眾生迷

於人法，《金剛般若經》中說的四相，我相、人相、眾生相、壽者相，凡夫迷著以為實有，四相完全是戲論，佛陀教吾們要反觀內照，了知現象即實在，要將現象融入真理，我與道同在，我與法身佛入我我入成為不二的境界，這不二的境界是絕了思考的起沒，滅了言語念頭，靈明獨耀之境界，所有的五蘊是假的，這五蘊堅固就是世間所云之靈魂，有這靈魂就要輪迴六趣了，有五蘊就有能思與所思的主賓關係，變成心所諸法而執著，能所主賓斷了，心如虛空，心如虛空故與道合一，即時回歸不生不滅的阿字門。不然的話，迷著於色聲香味觸之法而認為真，故生起貪愛、瞋恚、愚癡等眾蓋佛性，起了生死苦樂感受。諸法是戲論，佛性不是戲論，佛陀教吾們不可認賊為父。

**了知三世一切佛，應觀法界性一真，
一念不生三三昧，我法二空佛印心。**

應該知道三世一切的覺者是怎樣成佛的。
要了知一個端的應觀這法界森羅萬象是一
真實的涅盤性所現，這是過去佛現在佛未
來佛共同所修觀的方法，一念生萬法現，
一念若不生就是包括了無我、無相、無願
三種三昧，這種三昧是心空，不是無知覺，
是視之不見、聽之不聞的靈覺境界，此乃
一真法性當體之狀態，我執法執俱空即是
入我我入，佛心即我心，我心即佛心，達
到這境界即入禪定，禪是體，定是心不起，
二而一，眾生成佛。釋迦拈花迦葉微笑即
此端的，因為迦葉等五百羅漢，均是不發
大心的外道思想意識潛在，故開了方便手
拈畢波羅花輾動，大眾均不知用意，但都
啞然一念不生注視著，這端的當體即佛性
本來面目，可惜錯過機會，只有迦葉微笑
表示領悟，自此別開一門的無字法門禪宗，
見了性後不能發大心都是獨善其身的自了漢。

菩薩金剛我眷屬，三緣無住起悲心，
天龍八部隨心所，神通變化攝鬼神。

羅漢在高山打蓋睡，菩薩落荒草，佛在世
間不離世間覺，羅漢入定不管世事眾生宛
如在高山睡覺，定力到極限的時候就醒來，
會起了念頭，就墮下來了，菩薩是了悟眾
生本質即佛德，已知迷是苦海，覺悟即極
樂，菩薩已徹底了悟了，它就不怕生死，留
惑潤生，拯救沉沒海中的眾生，如人已知
水性了，入於水中會游泳，苦海變成泳池，
眾生是不知水性故會沉溺，菩薩入於眾生
群中，猶如一支好花入於蔓草之中，鶴立
雞群，一支獨秀。佛世間、眾生世間、器世
間，都是法界體性所現，在世間覺悟道理
了，就是佛，所以佛在世間並無離開世間。
佛是世間眾生的覺悟者，菩薩為度眾生而
開方便法門，但有頑固的眾生不受教訓，
菩薩就起了忿怒相責罰，這就是金剛，這
是大慈大悲的佛心所流露之心所，其體即
佛，心王心所是佛之眷屬，這種大慈大悲

的教化眾生之心所，是沒有能度所度及功勞的心，無住生心，歸納起來菩薩金剛都是大悲毘盧遮那之心。此心即佛心，要度天或鬼神就變化同其趣。如天要降雨露均沾法界眾生就變天龍，要守護法界眾生就變八部神將，都是大日如來心所所流出的。祂的神通變化是莫測的，不但能度的菩薩金剛，連鬼神之類亦是毘盧遮那普門之一德，普門之多的總和即總持，入了總持即普門之德具備，這總持即是心。

無限色聲我實相，文賢加持重重身，聽我法句認諦理，一轉彈指立歸真。

心是宇宙心，心包太虛，太虛之中有無量基因德性，無量基因德性即普門，色即現前之法，聲即法相之語，語即道之本體，有其聲必有其物，有其物即有其色相，無限的基因德性，顯現無限不同法相，能認識

之本體即佛性智德，顯現法相之理即理德，智德曰文殊，理德曰普賢，法界之森羅萬象即此理智冥加之德，無量無邊之理德及無量無邊之智德，無論一草一木都是此妙諦重重冥加的總和，只是基因德性之不同，顯現之物或法都是各各完成其任務之相。若不如是萬物即呈現清一色、一味、一相，都沒有各各之使命標幟了。這無限無量的基因德性曰功德，這功德都藏於一心之如來藏中，凡夫不知故認後天收入的塵法為真，將真與假合璧，成為阿賴耶識，自此沉迷三界苦海了，人們若果聽了這道理而覺悟，即不起於座立地成佛了。

― 完 ―

智理文化系列

真言宗三十日談

作者
玄覺
玄蒔

編輯
中華智慧管理學會

美術統籌
莫道文

美術設計
曾慶文

出版者
資本文化有限公司
地址：香港中環康樂廣場1號怡和大廈24樓2418室
電話：(852) 28507799
電郵：info@capital-culture.com
網址：www.capital-culture.com

鳴謝
宏天印刷有限公司
地址：香港柴灣利眾街40號富誠工業大廈A座15字樓A1, A2室
電話：(852) 2657 5266

出版日期
二〇一八年七月第一次印刷